数字技术时代
大学生网络道德教育创新研究

马鑫一　著

延吉·延边大学出版社

图书在版编目（CIP）数据

数字技术时代大学生网络道德教育创新研究 / 马鑫
一著. -- 延吉 ： 延边大学出版社，2023.5
　　ISBN 978-7-230-04922-1

　　Ⅰ. ①数… Ⅱ. ①马… Ⅲ. ①大学生－互联网络－道
德规范－研究－中国 Ⅳ. ①G645.5

中国国家版本馆CIP数据核字(2023)第089678号

数字技术时代大学生网络道德教育创新研究

著　　者：马鑫一
责任编辑：王志伟
封面设计：文合文化
出版发行：延边大学出版社
地　　址：吉林省延吉市公园路977号　　　邮　编：133002
网　　址：http://www.ydcbs.com　　　E-mail：ydcbs@ydcbs.com
电　　话：0433-2732435　　　传　真：0433-2732434
印　　刷：延边延大兴业数码印务有限责任公司
开　　本：787毫米×1092毫米　1/16
印　　张：8.25
字　　数：160千字
版　　次：2023年5月第1版
印　　次：2023年9月第1次印刷
书　　号：ISBN 978-7-230-04922-1

定　　价：38.00 元

前　言

数字技术的产生与发展标志着一个新的时代的来临。数字技术对社会发展、人们的生活与学习都产生了深远的影响。"加快数字化发展，建设数字中国"是我们党在《"十四五"规划和 2035 年远景目标纲要》中明确提出的要求。随着数字技术时代的到来，大数据、云计算、物联网、区块链、人工智能等技术都对人类社会生活的各个方面产生了巨大影响，尤其是对网络空间的发展产生了深刻影响。大学生作为网络空间中的一个重要群体，被称为数字技术时代的"原住民"，他们思维活跃，能够快速适应时代的发展。数字技术时代为大学生网络道德教育提供了新的机遇，同时也给大学生网络道德教育的创新带来了前所未有的挑战。在数字技术时代，大学生的网络道德观念呈现出一定的积极态势，然而也出现了一系列的问题，如大学生的数字素养能力不足，数字技术的安全意识薄弱，以及面对"数字孤岛""数字鸿沟"和多元文化冲击时的困惑和迷茫等。这些都可能阻碍大学生正确的网络道德观念的形成和发展，直接影响大学生的认知、心理和情感的发展，进而影响大学生的理想信念、道德素养和行为规范的形成和发展。

因此，随着数字技术的迅猛发展，道德教育工作者需要充分发挥大数据、云计算、人工智能等数字技术在大学生网络道德教育工作中的重要作用，在大学生学习生活的主要环境——网络空间中，用数字技术赋能大学生网络道德教育的教育目标、教育原则、教育内容、教育方法、教育队伍等方面的创新。大学生网络道德教育工作需要明确把握数字技术时代的要求、大学生的个体需求，借助数字技术新兴手段的应用，不断地进行有针对性的创新改革，从而达到大学生网络道德教育的目标。本书从数字技术时代下大学生网络道德教育创新的基本问题入手，论述了数字技术时代下大学生网络道德教育创新的重要性、现实图景、总体思路，以及具体措施。

本书在撰写过程中，参考、借鉴了大量著作与部分学者的理论研究成果，在此一并表示感谢。由于笔者精力有限，加之行文仓促，书中难免存在疏漏与不足之处，望各位专家学者与广大读者批评指正，以使本书更加完善。

目　录

第一章　数字技术时代大学生网络道德教育的基本问题

　　数字技术时代,信息技术得到了飞速的发展。数字技术对新时代大学生的生活方式、思维模式和行为习惯产生了巨大的影响,其促进了大学生的个性化发展以及个体需求的满足,从而也深刻地影响了大学生道德观念的形成和发展。

　　2023 年 3 月 2 日,中国互联网信息中心(CNNIC)发布的第 51 次《中国互联网络发展状况统计报告》显示,截至 2022 年 12 月,我国网民规模达到 10.67 亿,相比 2021年 12 月增长了 3549 万,互联网普及率达到 75.6%。其中,大学生是数字技术时代受网络影响最广泛的群体之一。近年来,网络教学的比例大幅度提升,大学生在学习和生活中接触互联网的频率也因此提高,这给大学生在网络空间中的道德观念的形成与发展带来了深远的影响。

第一节　数字技术时代大学生网络道德教育的概念

　　道德教育是一个自古以来就被广泛讨论的话题。中国,作为礼仪之邦,自古以来就强调以德化人、以德治国。在数字技术时代,人与机器的交流变得越来越密切,人与人之间的网络交流也变得更加频繁和复杂。这种翻天覆地的变化不仅关乎每个人,同时也对网络空间中的道德观念发展产生了深远影响。

　　数字技术使得网络空间的教育资源和平台更加多元化,大学生的网络道德教育是当前时代发展的现实需求。因此,对数字技术时代大学生网络道德教育创新的研究,有助于促进当代大学生形成良好的网络道德素养和行为。因此,人们在探索大学生网络道德教育创新的过程中，需要从基本概念出发，明确数字技术时代大学生道德教育的基本问题。

一、数字技术时代概述

人类历史的发展呈现出阶段性的特征，在每一个历史阶段中，都有一种特殊的社会力量主导着整个社会的发展，并塑造了这段历史的独特特征。目前，人们正快速地进入一个新的历史阶段——数字技术时代。在这个阶段中，数字技术成为主导因素，其中包括大数据、云计算、物联网、区块链、人工智能等技术，并在社会和经济生活中起着重要的作用。我国《"十四五"规划和 2035 年远景目标纲要》提出了加快数字社会建设的步伐。数字技术不仅推动了现代社会的高速发展，同时也成为社会进步的重要手段。

（一）数字技术与数字技术时代

数字技术（Digital Technology）是一项与电子计算机紧密相连的科学技术。这项技术借助特定设备将各种信息，如图像、声音、文字等内容，转化为电子计算机能够识别的二进制数字"0"和"1"，然后进行运算、处理、存储、传输、传播、还原。数字技术让人们通过互联网进行交流，人们在生活、学习和工作中都使用数字技术，从而能够在任何时间地点获取所需的信息。大数据和云计算技术创新、分类并传播了信息技术，这种去中心化的方式对人类社会产生了影响。人工智能技术让人们的生活更加智能化，通过数字芯片的控制，一切变得更为便捷。数字技术引领人们逐步从现实世界向虚拟世界过渡，并通过接口技术、芯片技术、嵌入式系统、应用工具软件等方式，不断地整合人类的思维模式，使其更加真实。

数字技术时代，主要是指在当今互联网经济时代，通过将数字化技术融入社会的各个领域，来推进社会的数字变革和发展，从根本上构建数字社会文明，这是人类社会发展趋向高度数据化、信息化、网络化的产物。数字技术时代是人类社会发展的全新阶段，它以立体的网络作为生存依托，以分散的数据资源作为基本要素，以智能化的技术作为生产手段，以个性化的体验作为效果感受。

在当前的社会，数字技术使得一切皆可量化，所有的事物都可以计数、测量、分析和评估。互联网技术可以通过算法预测每个人的需求。例如，购物网站可以根据一个人平时上网搜索的信息，通过算法预测出他的需求，并有针对性地向他推送购物链接；智能手机可以精确计算出一个人的运动数据，记录通话以及追踪日常活动；智能化家电可以通过识别一个人的语音，计算出其日常生活习惯。

（二）数字技术时代的特征

从科学和技术发展的角度，人类社会在进化的过程中，有石器时代、青铜器时代、铁器时代、蒸汽机时代、电气时代，一直到现在的数字化或信息时代。数字技术时代在数字化技术与数字化手段的驱动下，改变了人类社会的组织结构以及运行方式，为经济发展、教育进步等社会生活各方面的创新提供了一定的技术基础和环境条件。与史前时代、农业时代、工业时代以及初级网络时代不同，数字技术时代运用数字技术对人类社会中普遍存在的数据信息进行解析，挖掘数据信息的结构，实现数据信息的价值与创造力。数字技术时代具有其独特的时代特征。

第一，数字技术时代是"万物互联"的时代。在这个时代，人与人之间、人与机器之间、机器与机器之间等都存在着各种互动联系。数字技术时代为一切事物提供了共生的社会组织基础，并且能够依赖数字技术海量大数据的存储能力和强大的计算能力，不断地帮助人类去挖掘和发现新事物，揭示事物复杂表象之下的内在关系。

第二，数字技术时代是"万物皆数"的时代。数字技术发展的核心动力源于人类渴望测量、记录以及分析世界中的各种现象。所有客观存在的事物都可以通过数字技术进行记录和分析后，进行具体的描述。数字技术可以将一切客观存在物以数字化形式表达，并通过"数据"进行量化。

第三，数字技术时代赋予了人们行动的自主性。在数字社会中，个体的主观意识能够得以自主彰显。数字化智能技术、自动化、信息化将人类个体从物质生产中解放出来，给予其极大的自由，使其在虚拟空间中获得无限的行为活动空间。

第四，数字技术时代表现出了多元共融。在数字信息智能化的趋势下，人类社会出现了前所未有的多元化和多样性发展气象。在数字化技术、数字化互联空间以及数字化个性展示的共同融合下，人类社会的要素、组织、机制，以及发展规律都在快速演进。

（三）数字技术时代可能面临的风险

随着第四次科技革命的推进，数字技术的快速发展与迭代已经引发了全球性的变革。然而，人们在享受"技术红利"的同时，也可能面临一些风险。由于数字技术与人类的生活和生产的联系日益紧密，且技术的迭代速度很快，必然会衍生出一系列风险。新技术在推动社会经济蓬勃发展的同时，也带来了许多新的风险。2020 年美国发布的《RSA 数字风险报告》中提到了人们在数字技术时代面临的八大风险：数据与隐私的风险、合规风险、流程自动化风险、业务弹性风险、网络攻击风险、动态员工风险、第三方风险以及云转换风险。根据国外对数字技术风险的研究，我国提出了"十四五"期间政府和企业应重点关注的十种风险类型，包括：数字化转型风险、数字化高层控制风险、新基建和新技术风险、网络与云安全风险、万物互联风险、数字化供应链风险、数字业务自动化运营风险、业务弹性恢复风险、数据安全与隐私合规风险以及数字技能意识与伦理风险。通过对一系列问题的研究和总结，可以从合法性、合理性、伦理性、安全性等方面具体思考数字技术时代可能面临的风险。

第一，数字技术时代存在技术应用的合法性风险。由于法律法规的制定落后于数字技术革命所带来的新发展趋势，因此在出现新变化和新问题时，相关的法律法规不完善。为了顺应数字技术时代发展，人们只能被动地接受数字技术，而与此同时，数字技术限制了人类的基本自由和权益，甚至在某些情况下可能会侵害人类的自由和权益。例如，数字技术的智能系统所嵌入的价值判断是否具有公正性，如果嵌入的价值体系有偏差，则可能对现有的社会权责评判产生冲击。此外，数字技术在搜集个人信息数据时，可能会侵害到个人的隐私权和相关信息权益。

第二，数字技术时代存在数据合理性的风险。数字技术在运用相关技术进行数据收集和分析的过程中，是否具备合理性，这是一个值得关注的问题。虽然数字技术是信息技术发展的高端阶段，但是前期的代码输入仍然是人为设置的参数，而在具体的数据结果分析时仍然可能掺入人为的价值观等因素。因此，在数据采集、分析、整理、应用等过程中可能存在"算法黑箱""数字茧房""数字鸿沟""数字孤岛"等问题。

第三，数字技术时代存在数据伦理失范的风险。例如，大数据技术和云计算技术在搜集、分析以及决策的过程中，可能会摆脱人类的控制，人类在数字技术面前可能会逐渐丧失作为现实的人的能力。数字技术在为人类提供便利的同时，也在无形中影响人类意识，人类有可能沦为数字技术的"奴隶"。

第四，数字技术时代存在技术使用的安全性风险。由于人工智能、大数据、物联网等前沿的数字技术的快速发展，已经衍生出众多具有隐蔽性、持续性的数据安全的风险，这些风险给数字技术时代的数据安全保障工作带来了巨大的挑战。

第五，数字技术时代存在技术使用的主观性风险。一直以来，人们认为数字是客观的,任何分析都应以数据为基础,但数字技术是被人操控的,人们可以根据自己的主观意愿控制算法,传递自己的目标信息。这说明,在数字技术时代中,被认为客观的数字也会被主观因素影响,从而不再客观。这种基于设计者主观意愿的算法输入得出的数据结果会影响人们的决策。

二、道德教育概述

自古以来,我国非常重视个人道德教育与培养,这一点与西方学者的看法相一致。无论是我国学者还是西方学者都对"道德"和"道德教育"的具体内涵进行了深入的研究。

(一)道德的内涵

"道德"是伦理学研究中的一个基本问题。在数字技术时代,研究大学生网络道德教育的问题需要从道德的内涵出发,以此作为研究的逻辑起点。人们对"道德"的内涵在不同的社会、不同的历史阶段,以及社会不同的发展时期都会有不同的理解。在我国古代社会,"道德"的内涵包括个人的品性与修养、社会的道德规范等方面。

"道德"中的"道"字,是中国哲学中的重要概念,它将道与宇宙的产生、发展变化结合起来,就有了"天道"的概念。将"道"与个人的行为准则及个人所处社会的发展变化结合起来,就有了"人道"的概念。在中国的哲学观念里,"道"无处不在,也无事不在。"道"充斥于天地之间,而天地间的万事万物都存在"道"。世间万事万物的发生,宇宙空间的运行,都是"道"的体现。

"道德"中的"德"字,在甲骨文中表示直立行走及前行。"德"与"得"有相通之义,有"德者得也"之解释。因此,"德"也有占有与获取的意思在内。我们将"德"的两方面的意思联系起来,就会引申出自我在满足之后能获取的愉悦感。"道德"二字连用,其意思就是个体自我从对他人的善行中获取的道德情感体验的愉悦与满足感。而"道德"的范围包括社会的人文秩序,以及个人的内心修养方面。人类个体总是能行其所思,思其所行,因此"道德"是人类社会中特有的一种现象。

道德的目的是要在社会层面来具体阐释,它需要通过消除人对他人的不利甚至有害的行为,去化解可能导致双方受损的斗争,以及社会生活中可能存在的分裂势力,以此来促进全社会的和谐发展。"道德"是属于人类社会历史发展中的价值形态，也是必然要求，它是个体生存与发展的重要的内在需求与实践保证。它是以一定的"善"与"恶"作为评价标准，来分析和界定人类社会中的各种社会现象与行为，从特定的价值观出发来调节人与人之间的关系，最终形成所处社会历史时期的社会秩序与行为准则。

第一，道德是一种社会意识形态，它会随着社会历史条件的变化而发展变化。道德的形成与发展由具体社会存在的决定，同时也受到所处社会的经济情况和利益关系的影响。因此，道德具有阶级的印记。在奴隶社会和封建社会中，由于存在强烈的压迫和等级观念，人与人之间的道德准则是服从与顺从。资产阶级社会的主题是平等和自由，而当时的人们也接受了资产阶级所宣扬的道德标准。在我国改革开放初期，随着经济制度的变革，道德领域也发生了巨大变化。享乐主义、拜金主义以及极端个人主义等消极现象开始出现。随着社会主义社会进程的不断深化，社会主义道德也在不断进步与发展，社会中的道德观念不断提高。例如，平等、责任、信用、创新等道德观念得到了进步。

第二，道德作为一种社会意识形态，在其所处社会的善恶矛盾中辩证发展。在不同的社会历史条件下，道德存在着不同性质的善与恶的矛盾，而这种矛盾在道德产生之时就一直存在，并在辩证的运动中不断发展演变，在其发展过程中呈现出曲折前进的形态。受到不同社会阶级观念的影响和制约，在一个社会历史阶段下，会出现不同甚至对立的善恶观。在这种善恶斗争中，正确的道德观念会逐渐被认清，并不断被大众所认识和接受。随着社会的发展进步，人们的意识也会不断提升，并产生普遍的善恶区分，进而自觉地抑恶扬善。人类在发展的历程中，对善恶的界定是处于特定的社会历史发展阶段中，其中的善都是积极向上的价值观念；而所谓的恶可能是消极的、反动的价值观念，或是在阶级对立的社会中，被压迫的阶级为了追求自由而反抗，也可能是现实中人们在社会竞争中出于贪欲而展现的竞争欲望。事实上，后两者对恶的阐述在根本上推动了社会道德的进步，起到了推动社会进步的作用。

第三，道德的发展是通过持续的批判和继承而产生的。每个时代、每个民族的道德观念都不是凭空构建的，而是必然从各自优秀的传统文化中吸取道德的精髓。道德是对社会存在的一种反映，因此也具有继承性。然而，在一个新的历史时期，对前一个时期的道德传统必须进行严肃而慎重的分析、筛选和改造。人类社会经历了奴隶制社会、封建社会、资本主义社会和社会主义社会，每个时期都对前一个时期的道德进行批判和超越，从而推动道德的发展。需要注意的是，道德观念始终受到特定历史时期统治阶级的影响。因此，对道德传统必须进行辨析，将传统中的优秀元素与新时代所倡导的精神相结合，并赋予与新时代的社会经济和法律规范相协调的时代价值内涵。中国特色社会主义道德的发展就需要吸取传统文化精华，摒弃糟粕，将优秀的传统道德与新时代的精神融合，为中国特色社会主义道德的完善和发展提供有效的滋养。

（二）道德教育的内涵

东西方国家都有道德教育，只是在各国的具体实施方式不尽相同。"道德教育"在美国被称为"品格教育"，在日本被称为"道德素质教育"，在新加坡被称为"公民教育"。道德本身是社会意识形态，其会因各国社会所处的具体形态而有所区别。这主要取决于各国的历史、文化、政治、宗教、经济以及教育情况的差异。我国对道德教育的定义是教育者根据社会的需求对受教育者进行有目的、有计划的影响，而教育的过程与结果需要符合教育者所期望受教育者能够达到的思想品德的状况。

在道德教育的过程中，教育者承担主动推进的角色，而受教育者则处于被动地接受社会权威性道德规范的位置。道德教育的主要内容包括树立道德信念，提高道德觉悟与认识，培养道德品质，锻炼道德意志，陶冶道德情感，以及养成道德行为。道德教育通常采用正面引导的策略，将道德知识的传授与受教育者道德生活方面的经验相结合，通过榜样作用与舆论传播相结合，以及个人引领与集体影响相结合的方法，对受教育者进行全方位全过程的影响。

从层次上划分，道德教育包括理想、原则、规则等方面的教育，激励学生的高尚行为情操，指导学生的正确行为方向，约束学生的不良行为习惯。道德理想教育就是运用道德倡导的形式激励学生的高尚情操与行为。道德原则教育则是通过道德的指令，或是道德的倡议的形式，去指导学生的正确行为。道德规则教育是运用道德的禁令与指令的形式去约束学生的恶劣、不良行为。从教育类型的角度划分，道德教育包括了公德教育、私德教育以及职业道德教育。公德教育是培养学生在国家与社会公共生活方面的道德意识，以及符合我国国民公德与社会公德的行为习惯。私德教育是对教育对象的私人生活的道德意识与行为习惯的教育。职业道德教育则是培养学生在职业生活中的道德意识以及符合职业道德规范的行为习惯。

道德教育是培养、提高与完善人们道德品质的根本途径，而道德教育的每一个环节都需要家庭、学校与社会三方面共同去完成。进行道德教育时，人们需要着重关注的是，一切应从实际出发，将道德教育与社会实际相结合。人们需要根据道德教育的基本规律，探索科学的道德教育途径和方法。道德教育必须坚持理论与实践相结合，言传与身教相结合,循序渐进、针对性教育等主要原则与方法的整合,从而不断提升道德教育的效果。

在具体实施过程中,家庭、学校和社会都扮演着不可或缺的角色。家庭是道德教育的第一课堂,父母的行为和态度往往对孩子产生深远的影响。学校作为专门教育机构,通过教学和教师的引导,帮助学生理解和掌握社会公认的道德规范,培养良好的道德行为习惯。社会环境和社区活动也是道德教育的重要部分,通过参与各种社会活动,学生可以在实践中体验和学习道德规范。

要注意,道德教育并不只是告诉学生什么是对的,什么是错的,更重要的是让他们理解为什么这样做是对的,那样做是错的。道德教育的目的是培养出善良、具有责任感和独立思考能力的公民,他们能够在面临道德抉择时,根据自己的理解和判断做出最恰当的选择。

(三)网络道德教育的内涵

人们通常将"善"与"恶"作为人类道德的基本范畴。"善"一般指有益于个人、他人和社会的行为,应该被肯定和赞扬;而"恶"则相反,其指有害于个人、他人和社会的行为,应该被否定和谴责。在网络道德中,"善"和"恶"同样是评价标准的范畴。然而,网络空间具有一定的特殊性,这种特性使得人们对网络道德中的"善"和"恶"的判定变得更加复杂。换句话说,网络空间中的道德评价标准相对模糊,不如现实社会中那么清晰明确。正是由于这种不确定性和多元性的特点,网络道德教育的重要性就凸显出来了。

网络的发展给人类社会带来了全新的生活理念和状态。虚拟的网络空间与现实社会存在一定的差异,网络交流对人类的实践活动和生产生活方式产生了巨大影响。网络空间是由互联网技术和信息技术构建的社会文化空间,在相关技术的支持下创造了虚拟的社交空间和生存方式等。在数字技术时代,网络空间与社会现象不断融合,产生了交叉性问题。随着空间维度的扩展,网络空间需要道德教育来提供道德规范,以指导人们在网络空间中的交往行为。作为数字技术时代创造的空间,网络空间的交互方式类似现实社会,这也对道德教育提出了挑战,即要在打破时空限制的情况下进行教育活动。网络社会的虚拟性使道德教育在教育的时间、形式、内容和对象方面更加灵活,也使道德教育对象能够获得跨空间的教育体验。数字技术使得网络空间中的道德教育具有符号化的特征,相关教育内容、方法和媒介都以数字化代码进行实施和传输。然而,在这种环境下,教育对象的符号化特征也带来了不确定性和不稳定性,个体的思维方式和认知方式发生了转变,增加了道德教育的难度,对网络道德教育提出了更高的要求。在网络空间中,教育者和受教育者无法真实地接触,很难控制受教育者对网络道德教育的接受程度、兴趣和获得感。每个人都可以成为网络空间道德教育的信息生产者和接受者,这给道德教育的效果带来了很大的挑战。因此,为了确保网络空间环境中道德教育的有效开展,就需要不断提高教育内容的质量,并使用更先进和智能化的传播媒介,以确保网络道德教育的质量和效果。

在数字技术时代,网络空间环境的发展确实可能改变现有的社会分层,未来的社会阶层可能会被划分为掌握科学技术的群体与缺乏科技能力的群体。这种变革式的社会推进可能会加剧网络社会的冲突,如文化冲突、意识形态领域的冲突等。这些领域的激烈冲突,会对人们的道德观念产生一定的强烈冲击。因此,在面对数字技术时代带来的全新网络空间时,需要重新审视在这种背景下如何看待和处理网络道德问题。需要思考如何在一系列冲突之下,既要强化对数字技术相关方面的管理,又要加强对学生群体的正面引导,以妥善处理应对数字技术时代的网络道德教育问题。这不仅需要考虑数字技术时代实体空间中的道德教育问题,因为这是网络道德教育的基础,同时也需要关注网络空间中的虚拟环境下的道德教育,这个空间极大地拓宽了人类的生活空间,从而影响了现实空间中人类的思维方式。因此,在数字技术时代下的网络道德教育需要从虚拟与现实两个维度出发,进行有目标和有计划的道德品质教育,以确保现实社会与虚拟社会之间的良性互动和协调发展。网络道德教育能够在新的领域内增强道德教育的针对性和有效性,从而提高现实社会中个体的思想道德素质。

(四)大学生网络道德教育的内涵

在数字技术时代,网络信息化的发展速度更快,这必然会导致传递的信息良莠不齐。对于处于价值观形成关键时期的大学生来说,网络中存在的不良信息和恶意技术手段都会对他们产生巨大的诱惑,可能导致他们的网络行为失范,引发负面效应。因此,在数字技术飞速演变的当下,大学生网络道德教育成为极其重要的教育内容。国家无德不兴,个人无德不立,道德是关乎个人、国家乃至民族发展的重要元素。大学生作为社会主义现代化建设的接班人,是国家的未来和民族的希望。大学生网络道德教育是高校教育领域密切关注的问题,关系着大学生的成长成才。大学生网络道德教育的目标是培养大学生在网络空间中具备良好的道德品质,提升他们的网络道德境界,规范他们的网络行为。这需要促使大学生群体在网络空间环境中具有坚定的政治方向,强烈的责任感和使命感,优秀的道德品质，以及健康的心理素质等。通过这样的教育，可以引导当代大学生不断建构个人的道德理想，并自觉运用正确的道德标准来规范个人的网络道德行为。为了实现这一目标，大学生网络道德教育需要提供先进的教育内容和智能化的传播载体，以激发大学生的兴趣和参与度。同时，教育者也需要密切关注大学生的网络行为，创造积极的互动机制，确保教育的有效性和实施效果。

《礼记·大学》中有一句名言："大学之道，在明明德，在亲民，在止于至善。"这句话的含义是，君子学习的目标是要展现出良好的品德，并通过自己的德行影响身边的人，实现以己推人，最终通过系统的教育和引导使人们达到较高的道德境界。高校教育的目标是培养具备正确的政治素养、良好的道德素养、理想和信念、独立思考能力以及为社会和国家发展需求服务的社会主义接班人。在数字技术时代，虚拟场域中数字化道德内容的传播对当代大学生的道德培养产生了一定影响。虚拟化的交流可能导致人与人之间失去理性思考和判断能力，可能会受到网络信息化的引导，而削弱个体的独立思考和判断能力。此外，一些不良的价值取向通过数字传播可能与社会道德规范相悖，通过大学生群体放大和扩散，引发恶劣的社会反应。这可能腐蚀大学生的道德原则和标准，使他们的道德敏感度下降，逐渐失去正确的道德判断能力。

大学生网络道德教育是数字技术时代的需求，高等教育机构在开展此项教育时，需要遵循大学生的认知规律，立足于我国的国情，进行中华优秀传统美德教育、爱国主义教育、理想信念教育、集体主义教育、社会主义核心价值观教育等内容的推广。而教育工作者在开展大学生网络道德教育时，需要端正个人的道德品行，约束自己的行为习惯，成为大学生道德的模范。当前，大学生网络道德教育面临着前所未有的挑战，也正是这些时代的难题和挑战促进了大学生网络道德教育的创新发展，使得道德教育的过程和结果能够符合当前社会和时代的需求。大学生道德教育的目标应与中国特色社会主义建设对大学生的基本要求相一致，培养出能够担负起民族复兴大任的时代新人，把当代大学生培养成为德智体美劳全面发展的社会主义合格的建设者和接班人。在具体的方法方面，需要顺应大学生的兴趣爱好，立足于新时代大学生的身心发展特征和思想行为发展的规律，符合时代的需求，进行有目标、有计划、有组织的大学生道德教育。

三、数字技术时代大学生网络道德教育的基本特征

新时代的大学生群体是当代优秀的青年群体，他们思想活跃，善于接受新事物，并能快速适应时代发展的要求。数字技术为大学生的全面发展带来了更多可能性，技术打破了时间的限制和地域束缚，注重个人的自主性。数字技术为网络空间的发展带来了前所未有的便利，各种信息不再滞后或不对称，大大提高了大学生学习和生活的效率与便捷性。然而，在数字技术时代，网络无处不在，为大学生的道德教育提供丰富的内容和新的教育途径的同时，也带来了巨大的挑战。

数字技术时代新技术的发展与运用已经深刻影响到了整个人类社会的发展，也对大学生网络道德教育的环境产生了巨大影响。数字技术时代创造了类似于元宇宙的虚拟与现实时空并存的环境，其中大学生接收到的信息和价值观等内容良莠不齐。因此，在面对数字技术时代飞速发展的进程中，大学生网络道德教育具有以下基本特征。

（一）教育主体与教育客体具有交互性

在数字技术时代，大学生网络道德教育的教育主体与教育客体之间具有交互性。传统的大学生道德教育通常是由教育者作为主导者，通过灌输的方式向受教育者传递道德教育内容。然而，这种单向的传统教育形式已经不适应新时代的大学生，甚至可能削弱教育效果。网络空间的发展使得大学生在网络领域具有更多的主动权。数字技术赋予大学生自主选择教育内容和形式的权利，他们可以根据自己的兴趣选择适合自己的学习内容，而不再被动接受传统教育形式传递的信息。因此，数字技术的发展为教育者和受教育者提供了一种共生模式，使两者能够共同存在、共同进步和共享。在这种情况下，教育主体需要快速直接地了解受教育者在网络道德方面的基本需求，以便提供有针对性的网络道德教育内容。教育主体在全新的教育环境中还需要更多地了解受教育者的思维模式和语言接受形式，以便更好地传递教育内容。教育主体需要加强对受教育者的价值观引领，立足于当下社会的道德规范和原则，通过潜移默化的方式不断影响和塑造受教育者的网络道德。另外，受教育者也需要提高个体的思维水平和自我教育能力，能够主动接受并内化网络道德教育的内容，将其作为个人网络道德行为的准则。数字技术时代的网络环境具有实时交互性的特点，使得教育主体与受教育者之间不再局限于一对一的教育模式，而是增加了一对多、多对多的交流形式，这也是数字技术背景下网络道德教育

的多主体发展趋势。教育者与受教育者之间应当立足于平等与互相尊重的意识。教育者需要在整体的网络道德教育过程中注重对受教育者的关注，通过深层次的思想与情感的交流互动，促使双方能够产生对网络道德教育的共鸣，最终实现受教育者在网络环境中的道德自律与道德他律。

（二）教育内容具有开放性

数字技术时代给网络空间带来了巨大的变革，扩展了网络空间的开放性和时间上的灵活性，使得网络道德教育内容呈现出更多元化的发展趋势。开放的网络环境保证了网络道德教育内容的及时更新和与时俱进，打破了僵化的传统教育内容。在数字化背景下，大学生的个体主动意识不断增强，他们可以自主选择接受的教育内容。只有当教育内容符合大学生的兴趣时，他们才会主动接受。如果教育内容不符合他们的接受度，他们可能会拒绝学习，导致网络道德教育停滞不前，无法达到预期目标。受教育者的不稳定性和不确定性增加了网络道德教育的难度，对教育过程提出了更高的要求。

在数字技术时代，大学生网络道德教育的内容应当包括社会主义核心价值观教育、理想信念教育和爱国主义教育，同时还应加入数字技术方面的相关道德规范，如技术伦理教育、网络安全教育、数字素养教育和数字道德规范教育。传统的灌输式道德教育内容无法在网络环境中有效传播。由于网络环境的特殊性，网络道德教育需要更快的时效性、更新的内容性和更明确的目的性。网络道德教育需要具备冲击力和感染力的传播方式，利用大数据和云计算分析大学生在网络环境中的兴趣与话语表达方式，将教育内容和方式与大学生的兴趣爱好相匹配，增加教育的亲和力。通过发现网络中的榜样，借助网络榜样的力量作为教育模板，提升网络道德教育的效果，更好地防止网络道德失范现象的发生。这样，网络道德教育不再局限于传统教材中的内容输出，任何人都可以成为教育内容的提供者、创造者和传播者，大学生也可以成为教育的参与者。教育的每一个环节都可以由教育主体和教育客体共同完成，使得大学生网络道德教育的内容具备开放性特征。大学生在网络环境中的每一次活动都可能产生教育效果，这也表明网络道德教育不仅仅是道德教育本身，还涵盖了数字技术、传播技术等其他学科的内容。多学科的融合呈现了网络道德教育内容开放性的特征。通过教育者和受教育者共同创造，产生适合数字技术时代大学生接受的道德教育内容和方式，帮助当代大学生塑造健全的道德人格，使他们能够遵循社会主义道德要求，坚定社会主义道德理想，并且要求自己在网络环境中遵守良好的网络道德行为。

（三）教育场域具有超时空性

教育场域是指在教育者、受教育者以及其他教育参与者相互之间所形成的一种以知识的生产、传承、传播和消费为依托，以人的发展、形成和提升为旨归的客观关系的网络。传统的教育场域通常只能在同一教育环境中的人之间产生交流和联系。而不在同一教育环境中的人很难在教育过程中相互交流和联系。然而，随着数字技术的发展，教育场域已经突破了传统的限制。数字技术时代通过高端的数字技术手段打破了面对面线下交流的固化方式。它为教育者和受教育者提供了更多的交流环境，使全球各地的人们能够进行即时快捷的交流，并为跨地域的人们提供了现实的交流条件。数字技术的兴起扩展了网络环境的可能性，实现了道德教育的多元发展。它推动了封闭式教育向多元化的开放式教育的转变，并促进了教育资源的广泛共享，提高了教育的覆盖范围。在网络道德教育中，教育者与教育对象不再受时间和空间的限制，学习内容、方式、时间和空间得到了改变，激发了教育对象对网络道德学习的主动性和创造性。通过文字、图片、视频、音频等方式，数字技术可以对受教育者进行感官刺激，吸引他们更多地关注网络场域。网络教育通过技术手段为教师与学生、教师与教师、学生与学生之间提供网络沟通、交流和协作答疑等机会。因此，网络道德教育具有学习环境的互动性，能够创造道德教育情景，提升大学生对道德教育内容的学习热情，使他们能够在主动参与网络道德教育的互动中真正学习到网络道德原则和要求。数字技术手段还突破了传统教育空间的限制，通过多媒体平台，创造了听、说、视、触等多维度的网络道德教育。利用虚拟现实技术和人工智能技术，在虚拟教育场域中为大学生网络道德教育创造了与现实教育场域相似的学习情境，将现实生活与抽象学习相结合，激发大学生主动参与到网络道德教育的实践活动中。

（四）教育方式具有虚实交错性

数字技术时代的大学生网络道德教育已然被新兴的信息通信技术、虚拟现实技术等深刻影响，推动着教育方式的及时变革。大学生网络道德教育主要由传统的现实课堂教学和非传统的虚拟网络教学两种方式组成。现实的教育方式是教育者对教育对象进行点对点的教育，或者是点对面的教育。传统的大学生网络道德教育在实体课堂中，通过教师与学生面对面地交流，传输道德理论知识。在这个过程中，通过文字、语言以及符号等元素与大学生进行沟通交流。通过面对面地灌输网络道德理论知识，完善大学生的网络道德知识体系，内化于心外化于行，达到网络道德教育的目标。然而，虚拟网络教学方式是在数字技术时代网络空间对传统现实的延伸。在这个虚拟化的空间中，人类个体通常被符号所代替，人类失去了一定的主动性。在虚拟网络空间中，教师与学生通过人机交互的方式开展网络道德教育。数字技术时代，教师更是运用大量的数字化技术手段来实现大学生网络道德教育的目标。在虚拟化的教学环境当中，教师和学生摆脱了传统的束缚，以符号化的方式通过网络进行交流。教师需要积极运用虚拟数字手段来完成教育任务，如建立虚拟社群，创建道德教育网站，打造道德教育公众号等现代化多媒体方式，以创设更多的教育方式。这样，大学生才能在网络环境的学习生活中增加个体主动意识，保持不被数字技术所左右的定力，进而促使大学生对教师开展的新型虚拟教育方式产生兴趣，以保证达到教学目标。但是，在虚拟的网络场域，大学生具有高度的自主性，他们可以随时中断网络道德教育内容的接收，导致大学生网络道德教育存在着大量的不确定性。由于不确定性的存在，教师需要通过更多的虚拟教学平台与学生进行不断的线上交流互动，增强彼此之间的沟通，使学生能够从内心去接受网络道德教育的方式，以实现大学生网络道德教育的效果。

大学生网络道德教育方式具有虚实交错性。在网络空间中，教师与大学生的道德品行并未消失。因为，虚拟网络空间的特殊性，符号化的人类具有一定的遮蔽性，很难真实地反映大学生的道德品行，从而提高了大学生网络道德教育方式的针对性。数字技术时代更是推进了网络教学场域对现实传统教学场域的拓展与补充，通过现代化数字技术手段开展多元化的在线学习，对现实教学进行必要的补充，以保证大学生网络道德教育的成效。

第二节　数字技术时代大学生网络道德教育的
理论基础与思想借鉴

大学生网络道德教育的主要目的是提高大学生在网络空间环境中的思想道德素质，促进他们的全面发展。在数字技术时代，研究大学生网络道德教育需要对道德教育相关理论的基础和思想渊源进行系统整理。理论源自实践，并能指导实践。在指导实践过程中，又会产生新的实践性理论内容，以更好地指导未来的实践活动。在数字技术时代背景下,大学生网络道德教育需要以道德理论基础为指导,并借鉴中西方优秀的道德思想,从中获得启示。

一、马克思主义人学理论

数字技术是新时代的产物,但在研究大学生网络道德教育时,人们仍然需要回归到关于教育主体——"人"的具体思考上。马克思主义的人学理论是马克思和恩格斯的重要学术研究之一,他们对人类社会的发展以及个体人性本质等方面进行了深入思考,并对后世产生了深远影响,成为马克思主义经典理论之一,流传至今。在马克思主义的人学理论中,有几个关键性的理论,包括"现实的人"的思想理论、"人的本质"的思想理论以及"人的全面而自由的发展"的思想理论。马克思主义人学理论将"现实的人"作为思想的出发点,将"人的本质"作为思想的核心,将"人的全面而自由的发展"作为思想的目标。在数字技术时代,马克思主义的人学理论同样为研究大学生网络道德教育提供了一定的理论基础和思想指导。

(一)人类的自律是大学生网络道德教育研究的出发点

根据马克思主义人学理论,人是自由的,并且是具有意识的活动的"类存在",也就是说,人不单单具有自然属性,具备生物学的属性,还具有区别于动物的属性——社会属性。因而,人本身有目的、有动机、有意志的主体性与能动性特征。人类作为一种自然存在物,在生存过程中需要不断地延续,人类通过生产生活所必需的物质资料,进行对自我生命的延续。在这一基础之上,人的主体性与能动性的特征不断发展,产生了更多的现实追求。人在现实追求的过程中,会产生以利益追求为中心的活动,就会需要道德规则的约束与引导。马克思曾经指出,道德的基础是人类精神的自律。他认为,人类的道德与自身内在的精神自律存在必然的联系。"道德的基础是人类精神的自律"这句话指出了马克思对道德含义认定的根本观点。马克思从唯物主义历史观出发,说明生活不是"意识"所过的生活,生活是现实的个人所过的生活。"现实的个人"既不是抽象意义上的所说的"意识的主体",也不是传统意义上所认为的作为生物个体的生命存在。马克思和恩格斯认为,现实的个人是他们的活动以及他们的物质生活条件,还包括他们自己已有的以及由他们自己的实践活动所创造出来的物质生活条件。这就表明,对"现实的人"的理解不能简单地停留在"感性活动"层次，更需要关注的是有意识的、能动的对象性活动。在具体的实际生活和社会实践中，个人的意识得到了更深入的发展，这也就表明了具体的社会存在决定社会意识，人们的意识产生于他们所生活的现实社会中，而且被现实的存在所制约、所影响。道德是社会意识的一个方面，理性的道德与个人的实践过程存在密切的关系。

马克思主义认为人类的自律是道德的基本观点，并且强调道德与社会生活之间的密切相关性。根据马克思主义的观点，社会存在决定社会意识，经济基础决定上层建筑，其中意识形态属于上层建筑。因此，在追求个人利益的同时，人们需要正确处理道德与利益之间的关系。正确的道德观念应该指导人们的生产和生活活动，使其符合社会发展的规律。作为道德的主体，人们在进行社会生产活动时应不断促进个人的完善，从而推动社会的进步。在这个过程中，人们应该主动遵守人类社会制定的道德规范，并且调整好个人与社会的关系。

马克思强调个人意识的产生受到社会生产生活实践过程的影响。个人意识的能动性也会对个人的行为产生反作用。因此，人类的自律是网络道德教育的基础，同时也是研究网络虚拟空间中道德教育的起点。

（二）人的本质理论是大学生网络道德教育的理论基础

马克思曾指出，人的本质不是单个人所固有的抽象物，在其现实性上，它是一切社会关系的总和。马克思认为，既然全部社会生活在本质上是实践的，那么作为社会生活的主体——人的本质也就是只能从人当前所处的社会实践当中去寻找。人的本质是在"人的社会"与"社会的人"的形成过程中通过实践，也就是说通过感性的、对象化活动才可能得以实现的。人的属性包括两个方面：人的自然属性与人的社会属性，而人的本质是由人的社会属性所决定的。马克思对人的本质有着大量的研究，并且在其经典文献著作中有大量的论述。他曾在《资本论》中对人的本质进行一般性的论述，说明人的本质包含了两个不同的层次内容，一个是指所有人的共性，即人的一般性；另一个是指人在不同的历史阶段，不同的社会阶级，都具有一定的特殊性，即人的具体本质属性。那么，在人的一般属性与特殊性之中，哪一个方面更能够说明人与动物的区别，或者说哪一个方面更能够表明人的生命活动内容与意义要比动物的生命活动内容与意义更加丰富？如上文所述，人之所以为人在于人具有社会属性，这也就是刚才所讲的特殊性。那么在人的社会属性之中，人的劳动能力是人区别于动物的决定性因素。马克思曾经指出，人的类特性恰恰就是自由的自觉的活动。这明确指出了人之所以为人具有其特殊性，人的特殊性就是在于其具有社会实践的能力，即劳动的能力，表明劳动是人的本质。恩格斯也曾明确指出，人类社会区别于猿群的根本特征是劳动。恩格斯的研究又更进一步地表明了，人的劳动属性是人区别动物的本质。

人的本质在于其社会属性的特殊性，人的劳动能力是人区别于动物的根本特性，是人的本质属性。既然说劳动是人的根本属性，而人又基本具有这样的能力，为何人与人之间还存在着巨大的差异？这个疑问需要具体从"人的本质是一切社会关系的总和"的角度去理解。马克思在《关于费尔巴哈的提纲》中指出了全部生活在本质上是实践的，也就是说实践是一切社会生活的基础，一切的社会现象只有在社会实践中才能够找到最后的合理的解释，也只有从实践活动中把握社会生活的本质，才能真正了解人与自然之间、人与人之间以及人与自身意识之间的辩证关系。人是具有实践能力的，并且是能够投身实践活动的个体。只有当人投身于社会生产的实践活动当中，才能够找到人的本质属性。在实践当中必然会存在一定的不同阶层的社会关系，因而人的本质由他所处的历史时期中的社会关系所决定的。不同的时代特征、不同的社会性质、不同的阶级关系决定了人的社会关系的特殊性。人自从出生起就处于一定的社会关系之中，包括了政治关系、地缘关系、血缘关系、分工关系、生产关系等方面。人的社会关系是后天形成的，并且根据其所处的时代具有不同的特性。社会的不断发展与进步，也赋予了人的本质具有发展的特性。当人的年龄不断增长，他所接触的社会关系就会越具有复杂性与多样性，因而人的社会关系不是一成不变的，而是会随着个体的人的社会关系的不断丰富而发展起来的。

人的需要随着社会的发展而不断的发展。人在社会关系当中所进行的社会实践，或者相互联系都是满足人的需要的过程。人具有自己的意识与思维，能够清晰地对自我的需求有明确的认知，并且能够为了满足自我的内心需要，去进行实践努力达到自我的需求目标。马克思和恩格斯也在研究中明确指出，作为一个现实的人，有个体意识与思维逻辑的个体，应该有一个符合个体需要的，并且与所处的现实世界产生联系的使命任务，而这样的一个属于个体的任务则会驱动自己去实践。也就是说，个人因有衣食住行等方面的需求，就会参与各种类型的物质生产当中，进行各样的社会实践，以及参与不同的交往活动当中去。人类也只有不断地进行实践，进行具体的劳动，才能够推动人类不断向前进步，才能够使人的需求得以满足。只有人的需求不断的变化发展，才能够促进人与人之间的关系不断拓展，才能够加深社会中人与人之间彼此联系。马克思、恩格斯在

《德意志意识形态》中，经过深入的研究后指出，正是由于人类有需要才把彼此相互联系起来，由于他们的需要即他们的本性，以及他们求得满足的方式，把他们联系起来（两性关系、交换、分工），所以他们必然要发生相互关系。这也就进一步验证了个人的需求是人的一切社会关系存在与一切社会实践活动的基础。

马克思主义关于人的本质理论对数字技术时代大学生网络道德教育具有重要的理论指导意义。唯有深刻地从根源理解人的本质的内涵意义，教育对象才能够从具体的、历史的人的角度去正确理解各类历史事件和社会现象，而不会轻易被网络空间环境中的某些表面现象所迷惑。数字技术为大学生之间的情感交流与人际交往等方面注入了新鲜的元素，满足了人的本质能够随着社会的发展而发展的理论要求。新时代大学生是网络道德教育的主要受众对象，对于高校教育工作者而言，若要在数字技术时代准确地、科学地把控受教育对象的思想情况与行为特征，需要先立足于对人的本质的把握与学习。唯有对当代大学生的本质进行了深入的剖析，掌握并且分析了大学生的思想行为的发展与规律后，才能够精准地引导、规范大学生网络道德的行为实践。最终，有效地帮助新时代大学生形成正确的网络道德观。

（三）人的全面发展理论是大学生网络道德教育的目的

马克思和恩格斯认为，人类发展的理想目标是实现人的全面而自由的发展。《共产党宣言》中指出，代替那存在着阶级和阶级对立的资产阶级的旧社会的，将是这样一个联合体，在那里，每个人的自由发展是一切人的自由发展的条件。他们认为要摆脱宗教的束缚，摆脱资产阶级强加给无产阶级的异化劳动，认为只有无产阶级的领导，建立无产阶级的统治，才能够实现人民当家作主，从而实现人的全面自由的发展。这里谈及的人的全面发展理论包括多方面的含义在内，一是指人的智力、体力等方面的充分全面发展；二是指人在所处社会中的社会关系的充分全面发展；三是指人的需要的全面发展。人们在社会实践的过程中，需要通过脑力劳动、体力劳动来发挥个体的才干。只有在此过程中人的智力、体力等方面都得到的充分、全面地发挥，才能够真正实现个体的自由。马克思指出，只有在集体中，个人才能获得全面发展个体才能的手段，从而获得真正意义上的自由。在理想的共产主义社会内，一切的社会关系都是和谐相处，没有人与社会的对抗，更不用牺牲个体的发展去满足集体的发展，更多地保证集体中的每一个人的才能得到充分的发展，保证集体中的每一个人的个性得到充分的发展，才符合马克思主义的人的全面发展理论。人的全面发展的需要是每个公民个体的正当权利，人的需求是随着社会的发展而不断变化的，也会随着人类的需要得到满足后而产生新的需要，也正是因为人的需要是不断更新变化的，才会不断地促进社会的发展进步，进而又促使人自身更好地发展自我。

马克思主义关于人的全面发展的理论对数字技术时代下大学生的网络道德教育同样具有重要指导意义。人的全面发展理论是我国思想政治教育任务和教育目标的重要理论基础。促进人的全面发展是我国教育的目标，也可以帮助大学生实现网络道德教育的目标。在数字技术时代，大学生网络道德教育的主要任务是通过数字技术手段，如大数据、云计算、人工智能、虚拟现实技术等方式，引导大学生树立正确的网络道德观念，帮助他们自觉发挥主动性和创造性，充分利用数字技术的支持，实现全面发展，并形成正确的道德观和价值观。因此，数字技术时代大学生网络道德教育应该以促进大学生的全面发展理论为基础，在尊重大学生自身需求的前提下，协助他们在虚拟网络空间和现实社会生活中建立更广泛的社会联系，充分发挥大学生的主观能动性，培养他们成为社会主义事业的合格建设者和接班人，从而实现教育目标。

二、中华优秀传统文化中道德教育的思想

中华优秀传统文化源远流长、博大精深，被誉为世界文化史上的瑰宝，对我国和世界都具有重要的影响。在新时代，人们仍然应该传承和发扬中华优秀传统文化所倡导的美德，引导人们讲道德、尊重道德、坚守道德。尽管大学生网络道德教育与传统教育存在一定区别，呈现出更个性化的时代特征和历史背景，但教育者仍应注重借鉴中华优秀传统文化中的道德教育相关资源，这是大学生网络道德教育的重要营养来源。

（一）儒家提倡的"仁者爱人"的思想

孔子作为儒家思想的代表，强调了"仁者爱人"的理念。在《论语·述而》中，孔子写道："仁远乎哉！我欲仁，斯仁至矣。"他倡导每个人都应该通过实际行动去爱身边的人，只要付出努力，人人都可以实现"仁"。然而，要实现"仁"，还需要处理好个人与他人的关系。作为一个仁德的人，不仅要自己站稳脚跟，而且要帮助别人站稳；不仅要自己取得成功，也要帮助他人取得成功。正如《论语·雍也》中所说："夫仁者，己欲立而立人，己欲达而达人。"此外，作为一个有仁德的人，还应该孝顺父母、尊重

兄长、言行谨慎、讲究诚信，要广泛地爱护身边的人，并亲近其他人。正如《论语·学而》中所说："弟子入则孝，出则悌，谨而信，泛爱众而亲仁。"人类的"仁爱"已经不再局限于原始氏族部落的血缘和地缘关系，而是要超越血缘和地域，倡导更广泛、普遍的全人类的仁爱。在当时的社会历史阶段中，孔子的仁爱思想成为处理人与人、人与社会关系的道德准则，也是道德的最高目标。他希望通过真正的爱护和和谐相处，实现全社会的健康有序发展。而如何做到"仁者爱人"，儒家也提出了许多方法和路径，让人们真正提升自己的道德修养。例如，通过反省、自律、实践和慎独等方式，要求人们从自身找出问题，并经常进行自我批评。个人需要克制不正当的欲望和抑制不正当的言行，自觉遵守道德规范。每个人都需要在具体实践中磨炼自我，以实现知行合一。此外，当人们独处时，更需要自律，谨言慎行。儒家"仁爱"思想的精髓对数字技术时代的大学生网络道德教育有着深刻的启示。面对新兴的技术手段，大学生在网络空间中只有通过反省、自律、实践和慎独的过程才能规范自己的道德行为，提升个人的道德修养，并推动网络社会环境健康发展。

（二）墨家提倡的"兼爱"的思想

墨家的核心思想是"兼爱"，即超越血缘和地缘的平等爱。墨子主张人们要以"视人之国，若视其国，视人之家，若视其家，视人之身，若视其身"的态度对待他人。他强调"夫爱人者，人必从而爱之"，即如果你爱别人，别人也会回报同样的爱。墨子认为人与人之间的爱是相互的、平等的，这种爱能够促进家庭和社会的和谐与太平。他提出的"兼爱"思想也保证了国家对个人利益的保护，即人们在追求兼爱的同时也要保护个人利益。

在《墨子·尚贤》中，墨子提到"有道者劝以教人"，主张用道德来劝诫他人，通过道义教化人们。他强调要积极主动地"强说人"，指出"不强说人，人莫知之也"，即教师不能等学生提问才回答，而应积极主动地教育学生，让他们意识到学习的重要性。这既包括对问题的回答，也包括主动引导学生思考。墨子的"强说人"和"不扣则鸣"的主张充分展现了教育的主动性。

在《墨子·所染》中，墨子指出"染于苍则苍，染于黄则黄"，说明要受到良好环境的影响，与贤者为伍，自省不足之处。他强调慎重选择环境，以培养正直品德。这表明外部环境对人的品德有重要影响。墨子的"慎染"思想强调了道德修养与环境的关系。

墨家的"兼爱"思想为数字技术时代的大学生网络道德教育提供了重要启示。在数字技术时代，需要建立和谐、充满爱的网络平台，在网络环境中实现信息的共享和平等的交流。面对新时代，教师需要突破传统的灌输式教育方式，结合新兴技术手段创造更多富有活力的网络道德教育方法。

（三）道家提倡的"无为"的思想

道家的核心思想之一是"无为"，它要求人们顺应自然世界的变化，让事物保持其原始天然的本性，没有人为的修饰。道家强调"道法自然"和"无为"的价值取向与老子将"天道"与"人道"合而为一的思想相一致。道家思想在哲学思想史上具有永恒的价值，并对社会发展产生了深远影响。"无为"的本质是道家道德体系的核心，它指出人们在行动之前应审时度势，发现周围事物的发展规律，并将自己的行为局限于事物的有限程度之内。如果超过事物所能承受的限度，行为就会被称为"妄为"，导致事物发展失控。相反，"善为"是指遵循自然规律，顺应其发展的行为，人们能够获得长远的发展。此外，道家的"无为"也意味着行为不是为了个人利益而为，而是顺应自然、与万物和谐共生。

道家在道德教育方面提倡"无为"的理念，希望人们能自觉将道德修养与自然规律统一，不违背世间万物的生长规律。道家强调克制情感欲望，发挥本真的天然本性，提升个人的精神境界，实现人与宇宙万物的天然合一，消除尘世的庸俗行为。道家的"无为"思想给数字技术时代的大学生网络道德教育提供了启发。在网络环境中，大学生可能道德选择迷惘，价值观紊乱，而道家的"道法自然"思想可以帮助大学生真正听从内心选择，保持心灵的宁静，减少网络空间给学生带来的心理焦虑。在网络道德教育中，教育者可以借鉴"无为而治"的理念，采用启发式的教育方法，引导学生自觉抵触不良网络价值观，遵守和传播正确的网络道德观念。

（四）法家提倡的"法治"思想

韩非子作为法家的代表，强调对"法"的重视，将其视为道德的基本准则。法家认为，道德不仅仅是简单地教导人们学习和理解善良，而是要从根本上符合"法"的要求。他们提出了许多与"法"相关的理论和方法。法家认为，道德是从法律而来的，法律产生力量，力量产生权威，权威产生道德，而道德又促使法律的产生。在他们看来，道德和法律是在一个循环过程中相互作用的。通过法律的约束，人们的道德水平不断提高。法家主张将社会中最基本的道德规范，如仁、义、忠、智等，传播给整个社会，并通过法律的约束，使每个人尊重和遵守这些道德规范，以提升个人的道德认知水平。对于普通人来说，在很多情况下很难将道德放在利益之上，因此需要通过法律的强制约束，使人们能够遵守道德法规。

法家的方法与其他学派截然不同，他们不重视个人的自律能力，而是通过强制手段——法律来实现他律，约束人们的行为规范。通过法律手段，让人们树立知法守法的意识，规范个人的道德行为。法家思想在数字技术时代的大学生网络道德教育中也具有深远的现实意义。在数字时代，法治思想具有引领作用，可以避免数字技术对人性的滥用。制定相关法律法规，可以确保大学生在网络空间中有法可依。在大学生的网络道德教育中，法治教育应受到重视，使大学生了解法律、知晓法律、遵守法律，用法律法规约束个人的行为规范，使其在网络空间中真正成为守道德、有道德的人。

第二章 数字技术时代大学生网络道德教育创新的重要性

数字技术推动了全球化和信息化的迅速发展,为我国带来了全方位的机遇和多层次的挑战。同时,这也给大学生的网络道德教育带来了前所未有的机遇和挑战。迎接这些挑战,不仅是应对数字技术时代的必然选择,也是实现大学生全面自由发展的必然选择,更是实现德育数字化发展的必然选择。

第一节 应对数字技术时代的必然选择

大学生网络道德教育的创新与社会发展密切相关,两者是紧密相连、密不可分的。数字技术作为一种新兴的技术手段,其快速发展已经对整个社会的进程产生了影响,同时也使大学生网络道德教育的环境产生了巨大变革。大数据、云计算、人工智能等技术手段所创造的虚拟与现实交织的环境,多元化的价值观传播,以及"算法黑盒""信息茧房"等因素给大学生网络道德教育带来了前所未有的挑战与机遇。在应对数字技术时代的挑战与机遇时,大学生网络道德教育的创新成为必然的选择。

一、数字技术时代大学生网络道德教育所面临的挑战

在数字技术时代,大学生网络道德教育面临以下几个方面的挑战:

（一）数字技术给传统道德教育理念带来了冲击

传统的大学生道德教育以教师为主导，采用一元主导型的教育模式。然而，随着数字技术的发展，传统的教育理念面临着巨大的冲击和挑战。传统道德教育中，教师在教育过程中扮演主体角色，掌握教育的主动权，将道德教育内容灌输给学生。然而，数字技术时代的到来改变了这一状态。网络环境中引入了各种数字技术手段，大学生可以利用多样的渠道获取知识和信息，甚至超过了教师的知识获取能力。这给传统的教师主导的道德教育理念带来了巨大挑战，削弱了教师原有的知识和信息优势地位，导致教师可能处于劣势地位。现代大学生成为网络的"原住民"，能够与教师平等交流，这进一步改变了道德教育的传统格局。数字技术的发展增强了网络环境的互动性，为不同文化领域的交流提供了更多机会。新时代的大学生身处技术发达的网络环境中，会遭遇东西方文化和多民族文化之间的矛盾和冲突，甚至在某些情况下，西方文化和多元文化的挑战与侵蚀也会对传统大学生道德教育主导理念产生深远影响。

（二）数字技术对大学生网络道德教育的研究范式提出了新的要求

随着数字技术的不断发展，大学生网络道德教育的研究方式也需要随之改变。传统的道德教育研究在数据采集方面存在困难，无法对人的情感和行为进行量化研究，妨碍了大学生道德教育的研究。然而，数字技术的兴起为解决这一问题提供了解决方案。例如，大数据和云计算等可以帮助教育者获得准确的大学生思想和行为数据，从而规划和开展具体的道德教育。理性的数据赋予感性的教育过程更多的科学性，量化的数据为大学生道德教育提供了科学支撑，推动教育者在研究范式中更具针对性。尽管在大学生道德教育中，研究者对可量化的研究数据的掌握和应用还存在不足，但新的研究范式需要创新内部结构，以适应相应的教育手段和方法。

数字技术时代拓展了可量化维度，为各个领域带来了巨大变革。然而，在传统的大学生道德教育领域中，思想和情感维度的内容难以进行数字化量化研究，主要是由于传统调研手段无法满足数字技术全面、多元化的取样分析需求。然而，数字技术为大学生道德教育提供了科学化途径，从科学数据的角度进行教育过程研究，为大学生网络道德教育提供了数字技术研究范式的支持。

（三）数字技术给传统大学生道德教育的学校主导地位以及单向性的教育过程带来了冲击

在传统模式中，学校在大学生道德教育中扮演主导角色。长期以来，学校通过教师进行单向知识传授，成为主要的教育模式。然而，随着数字技术时代的到来，高校的道德教育工作者需要将道德教育与网络空间和新技术手段相结合。数字技术拓展了网络空间中获取资源的途径，同时也扩大了大学生的信息认知渠道。大学生不再满足于接受单向的灌输式教育，他们希望自己的想法能够得到关注，并且勇于质疑教师的权威，积极发声并与教育者进行平等的交流。在这种情况下，道德教育工作者在大学生道德教育中的主导地位逐渐被弱化。

在传统的大学生道德教育过程中，教育者通过单向的知识灌输来完成教育内容。传统的大学生道德教育侧重预防问题的发生，纠正和惩罚学生的道德失范行为，却忽视了学生作为现实个体的主体性。学生的内心需求和情感需求被忽视，导致学生对道德教育抱有一种心理上的抵触，认为道德教育缺乏实际意义。然而，数字技术的新兴手段为大学生道德教育中主体和客体之间的互动提供了多元化的平台，推动传统单向教育方式逐渐被多元互动模式取代。

（四）数字技术对大学生网络道德教育的教育者能力提出了更高的要求

数字技术手段为大学生网络道德教育提供了海量的数据信息，但这些数据信息需要经过科学的分析才能找到背后的原因。如果教育工作者没有数据挖掘和具体数据分析的能力，就难以通过数据获取关于大学生道德行为的有效信息；同样地，如果数字技术人员缺乏大学生道德教育的理论基础，也难以从大数据中找到相关规律。目前的大学生网络道德教育的数字化变革仍存在技术上的难度。虽然相关数据库已经建立，但数字技术人员现有的知识储备还不能充分分析相关数据库的信息，找到大学生网络道德教育的关键问题。因此，在数据分析过程中仍需要掌握一定的大学生道德教育理论基础，以设计合理的数据分析方案并得出科学的结果。另外，教育者对数字技术的专业度缺失也会导致他们对数据结果盲目自信，将数字技术的分析预测结果直接应用于大学生网络道德教育的实际过程中，这将削弱教育效果。

（五）数字技术给我国传统伦理道德带来了一定的挑战

传统社会在中国主要以血缘关系和地域划分为基础，强调家国一体的社会状态。人们的伦理道德观念通常建立在血缘和地缘影响之上,亲人和熟人之间的伦理关系是社会的核心。然而,数字技术引入了大数据、云计算、物联网和区块链等新技术元素,为原本多元化的网络空间带来了更多维度的交流空间。数字技术将机器媒介引入到原有的人际交往模式中,形成了以"人—机器—人"为基础的新型交往模式。数字技术的出现正在改变传统社会交往模式,从而对传统道德伦理提出了严峻的挑战。

数字技术对传统伦理价值进行了解构,打破了原有的封闭社会等级结构,形成了以技术手段为基础的新兴群体。新兴技术手段带来了多元化的道德伦理思想,对中国传统伦理道德造成了一定的冲击。在中华传统道德发展中,儒家道德思想一直占据主导地位,形成了一元化的道德价值观。二十世纪中国形成了以马克思主义为指导,并以中国传统道德文化中的优秀元素为基础的公民道德观念,其中的道德基础仍然以中华传统文化为主。然而,数字技术具有去中心化的传播特点,并且全球范围参与,加强了伦理观念的多元化。

（六）数字技术给现有的法律制度带来了一定挑战

在数字技术时代,人们通过虚拟的代码、协议和指令等方式构建虚拟的交往空间,其中没有具体的中央管理机构。在数字技术构建的虚拟网络空间中,存在各种虚拟社区和虚拟社群。在网络虚拟空间中,人们根据自己的兴趣爱好自发形成相应的虚拟组织。数字技术手段赋予了网络空间中个人更大的主动权,使他们有权利获取更多信息和知识,并进行自由的沟通交流。然而,这种过度的开放性和自由性特点给网络行为管理带来难题。此外,现有的法律法规对数字技术时代的网络环境仍存在一定的缺失。数字技术的迅速发展已经具有超越人的界限的趋势,使得政府机构在掌握数字技术的发展方向上失去了一定的优势。例如,"算法黑箱""信息茧房"和大数据"杀熟"等现象,数字技术通过一系列的数据指令侵蚀人的理性,存在着技术伦理失范的问题。如果这种数字技术伦理失范的现象继续发展,将对整个社会百害而无一利。

二、数字技术时代大学生网络道德教育所面临的机遇

数字技术时代给大学生网络道德教育带来了一定的冲击,同时也带来了一些机遇。数字技术为网络空间提供了更多的可能性,打造了更多元化的空间维度,使网络环境更

加开放和互动。数字技术时代给大学生网络道德教育所带来了以下机遇：

（一）数字技术为大学生网络道德教育提供了全新的教育平台

教育平台在大学生网络道德教育中占据不可或缺的关键地位。其作用是为道德教育要素提供有效支持，同时具备信息传递的功能。在道德教育主体开展教育活动时，教育平台支撑着教育主体与客体之间的相互作用，构成了丰富多彩的教育过程。在数字技术时代，大学生网络道德教育的信息传递方式呈现出崭新特征，数字技术手段使网络道德教育不再局限于平面，而呈现出更立体、更动态的形态。教育的网络时空从单一维度扩展到立体多维度，有效地促进了跨越现实时空的沟通与交流。同时，新型数字技术手段提供了庞大的信息容量，极大丰富了大学生网络道德教育的内涵，为道德教育提供了丰富的素材。数字技术赋予道德教育平台科技内涵，将抽象的道德理念与现代技术紧密结合，巧妙地融合了隐性和显性教育。借助数字技术，大学生网络道德教育在全新的平台上进行，不仅扩展了道德教育的覆盖范围，也提升了道德教育的影响力。以数字技术为支撑的大学生网络道德教育与传统方式相辅相成，填补了传统网络道德教育的不足，呈现出多维立体的特点，从而提高了网络道德教育的实际效果。

（二）数字技术深刻促进了大学生网络道德教育中个体的自主性与群体互动的提升

传统大学生网络道德教育通常是单向传递教育内容，限制了整体教育效果，且受教育者难以充分发挥主观能动性。道德教育需要教育者与受教育者之间积极互动，优质互动有助于促进道德教育内容的传达与接受。这种互动交流不仅增强了受教育者的主动性，还通过主动接受、深思熟虑等个体活动，加强了网络道德教育的效果。

在数字技术时代，网络道德教育过程得以在更多维度上有效展开，进一步提升了大学生的主体性与创造性。数字技术赋予大学生更多选择权，他们可以自主挑选道德学习资源与方式，选择适合个人的学习内容，找到志同道合的学习伙伴。数字技术为网络交往引入更多数字元素，使大学生与教师在虚拟空间中进行互动。平等的心态有助于促进平等交流。当大学生的人格尊严与主体意识得到充分尊重后，他们会更愿意与教育者坦诚交流。在满足个人心理需求和个性选择的基础上，道德教育更具针对性，更易于被受教育对象接受。

数字技术时代为人际关系的建立创造了更宽松的环境，使网络空间中的个体在获取知识的同时，敢于分享自己的思考，从而又成为教育者的角色。在数字技术支持下的网络领域中，大学生网络道德教育中教育者与受教育者之间的关系更加和谐，两者能更好地发挥各自优势。因此，数字技术为教育者与受教育者提供了更广泛、多方向的互动空间，有助于在道德教育中充分发挥各自的主体性。

（三）数字技术为大学生网络道德教育的知识与价值传播创造了有利条件

大学生网络道德教育在网络空间中以道德观念与规范为核心，是一种特定的道德教育信息传播过程。数字技术时代利用其传播优势，拓展了道德教育的传播范围与力度。利用大数据精准的算法技术，能深入了解受教育者的兴趣、爱好以及受教育程度等方面的信息，从而通过数据分析将符合受教育者接受范围的知识信息精准地传递给他们。数字技术还能将知识内容与影像等融合，激发大学生获取知识信息的主动性。例如，借助虚拟现实技术，将知识以立体仿真的画面呈现，使受教育者获得更逼真的体验，激发学生的学习兴趣。

通过运用大数据、云计算等数字技术，能够为大学生提供有针对性的网络道德教育资源。同时，结合人工智能、虚拟现实技术等元素，数字技术赋予大学生网络道德教育传播过程更多的活力，鼓励他们更主动地接受传递的道德教育知识，从而提高道德教育的针对性。

（四）数字技术的引入增强了大学生网络道德教育的教育效果

评估大学生网络道德教育是否有效及其程度，需要对照道德教育目标和意图的实现情况。教育者按要求传递网络道德教育内容给受教育者，通过学习和内化这些内容，使其融入自身行为规范，从而在道德观念和价值体系上产生内在影响。当受教育者产生情感共鸣，认可教育内容后，会自主传播这些观念，实现了从内到外的传递、深化和传播过程，从被动接受到主动传播，达到了道德教育的目标。数字技术时代引入新技术手段，为大学生的道德内化过程提供了更多机会。新技术手段在信息传播的精准性和内容广泛性方面为大学生网络道德教育提供了丰富的资源。数字技术在网络环境中具有隐蔽性，传播速度快，有利于迅速掌握学生思想情绪波动数据，并分析他们关注的问题。大数据和云计算增强了大学生网络道德教育的针对性，提升了教育主体与受教育者的平等互动。因此，利用数字技术手段进行大学生网络道德教育有助于实现教育者与受教育者的平等对话，使受教育者能积极参与教育过程，将被动接受转化为主动自我教育，并主动传播，从而最终提升教育效果。

（五）数字技术有助于形成教育合力

在教育领域，教育合力通常指的是家庭、学校和社会三个领域之间的协同作用，通过相互联系、沟通和协调形成的综合力量。这种合力主要以学校为主体，以家庭教育为基础，以社会教育为主要支持，三者共同努力形成育人的合力。在数字技术时代，大学生网络道德教育的时空是家庭、学校、社会和网络空间相结合的结果。传统的大学生网络道德教育往往由学校主导，而家庭、学校和社会之间缺乏有效的交流平台，导致教育合力不足，影响教育效果。然而，数字技术时代引入了新的技术手段，为大学生网络道德教育提供了更多合力的机会。新技术手段在信息传播的精准性和内容广泛性方面具有优势，提供了丰富的资源。数字技术在社会环境中的变革打破了传统的教育资源限制，使社会环境更加开放、平等、共享和民主。这种社会变革促进了大学生网络道德教育与社会的紧密结合，要求学生参与社会以实现全面发展，从而社会对大学生道德教育的影响与制约日益增强。因此，创造良好的社会环境对大学生网络道德教育至关重要。此外，通过技术手段构建数字化平台，建设数字化校园和智能化校园，有助于打通学校内部部门之间的障碍，实现信息的无障碍互动。数字技术平台的建设使各部门能够共享学生的数据信息，并通过云计算整合相关数据，有利于各部门掌握一致的结果数据信息。消除部门壁垒、促进信息共享是提高教育效果的关键。从家庭的角度来看，数字技术时代对家长的教育能力提出了新的要求，要求家长主动学习掌握数字技术，以引导学生正确面对网络道德问题，树立正确的价值观念，协助学校进行网络道德教育。数字技术在家庭、学校、社会之间的连接中，新技术手段促进三者之间多元、平等互动，数据信息通过数字技术平台交流使用，使教育者能够更加精准地投入，三者合力的建设对大学生网络道德教育具有重要的推动作用。

（六）数字技术对大学生道德思维的培养产生了积极影响

在数字技术时代，信息共享和高效传播受到更多重视，这有助于塑造大学生新的思维和价值观念，推动他们形成平等、共享、开放、高效的价值观，进而对大学生道德思维的发展产生积极作用。数字技术时代的发展使虚拟网络空间变得更加多元，人们的沟通和交流不再受限于传统的单一维度，这有助于培养大学生的平等和共享意识。数字技术的高速高效也有助于培养大学生的效率观念。数字技术的高度兼容性，进一步促进了大学生的开放共享意识，使他们能够更广泛地接触世界先进的理论和科学技术，不断拓展自己思维视野的广度和深度，为积极的道德思维培养奠定了坚实基础。然而，数字技术时代已基本消除了传统的束缚，这也要求大学生在网络道德空间内具备高度的道德自律。在信息纷繁复杂的数字技术时代，大学生面临多元化的价值观，这为他们提升道德判断能力创造了有益环境。大学生网络道德教育的育人理念需要根据学生思想道德养成规律，结合数字技术时代的特点，不断创新道德教育原则、内容、方法、措施和机制，建立符合数字技术时代特征的大学生网络道德教育体系。这将为数字技术时代下大学生道德思维的培养提供良好的教育环境，确保大学生在网络交往中培养良好的道德意识和判断能力。

（七）数字技术为我国传统道德发展创造了现实条件

我国传承优良的传统伦理道德内涵，如以仁、义、礼、智、信为主要内容的儒家伦理。随着数字技术时代的来临，人们需要将传统道德与新的社会需求相结合，进行适当的转型。数字技术的出现促进了更多维度的平等和开放理念的发展，推动了个体自我发展。数字技术将人类置于全球性、平等开放的大平台上，拓宽了其视野，深化了其思维，对我国道德发展具有积极的促进作用。在这一背景下，我国的传统道德需要借鉴更广泛的文化精神资源，丰富和深化道德内涵，使道德思想与时俱进，既要持传统理念的基础，也增加时代性的元素，以适应不断变化的社会环境。

第二节　实现大学生全面自由发展的必然选择

马克思对未来社会的基本特征有着深刻描述，"代替那存在着阶级和阶级对立的资产阶级旧社会的，将是这样一个联合体，在那里，每个人的自由发展是一切人的自由发展的条件"。同样，在数字技术时代，大学生网络道德教育创新的出发点以及终极归宿也是要促进每个大学生的全面而自由的发展。数字技术时代的进步为社会文化的全方面发展提供了新的思维与行为的发展方式。数字技术中的大数据、云计算等技术手段可以促使世界上的任何人无论何时、何地都可能会随时发生虚拟性的交互，并且算法技术可以精准地提供给任何人内心需求的各种类型的信息资源。

一、"人的全面自由发展"的理论内涵

人的全面自由发展是人类社会进步以及人类解放的最为根本的目的。在马克思主义人学观的核心价值在于打造全面自由发展的人，这里所讲的"全面自由发展的人"具体指的是"现实的人"，有实际的指向性。马克思所阐述的人的全面自由发展理论的内容主要是建立在人与人、人与自身、人与自然，以及人与社会的具体实践领域内。

人的全面自由的发展包含了多个方面的内涵：

首先，它强调的是每个人都是"现实的个人"，这个是人的全面自由发展理论的逻辑起点。在旧的哲学思想中，往往将人唯心的定义为与现实脱离的"抽象的人"，认为人是抽象的气息与世界之外的存在物，唯心主义哲学认为宗教创造了人，在德国古典哲学中，从康德到黑格尔，他们都指出了要高扬人类的理想、自由，但是他们都是在抽象的概念上面徘徊。一旦当他们遇到实际的现实问题时，就会表现出资产阶级的软弱性。他们用宗教这种颠倒的世界意识去奴役人们的思想，来维护当时统治阶级的地位。而马克思则是从唯物主义的角度出发指出：是人创造了宗教，而不是宗教创造了人。马克思指出，生活决定意识，因而生活就不是"意识"所过的生活，而是现实个人的生活。在这里所指出的"现实个人"既不是纯粹的抽象的"意识主体"，也不是作为单纯的生物个体的生命性的存在。马克思与恩格斯把"现实的人"阐述为"他们的活动和他们的物质生活条件，包括他们已有的和由他们自己的活动创造出来的物质生活条件。"这就是将人从本质上看成是在世界中存在的，而"人的本质不是单个人所固有的抽象物，在其现实性上，它是一切社会关系的总和"。马克思、恩格斯所阐述的这些内容，都在说明在当时的社会历史阶段，人必须先要从虚幻的宗教中抽离出来，确定人具有特定的社会关系；并且马克思、恩格斯指出了人能够通过自身的实践性，通过劳动生产创造出自己生活所需要的生活资料。这也就进一步说明了"现实的个人"是需要通过具体的社会实践去不断地实现人自身的全面发展。

其次，现实的人的自身个体的能力需要得到全面的发展，以及现实的人的需要得到全面的发展。每个现实的人的需要是通过个体活动满足的，而在这个过程中，要不断地

促进个人的能力的发展，包括一个人的智力、体力等方面的发展。马克思、恩格斯曾经指出，一个全面发展的现实的个人，是需要在个体的生长过程中，能够适应不同的劳动需要，并且能够在此过程中，将个人的各方面的能力都得到全面自由的发展，进而丰富现实的人发现和改造社会的能力，实现人的个体的个性自由。

最后，人的全面自由的发展还指向的是个体之间的关系需要得到全面的发展，在这里主要指的是人与人、人与自然、人与社会之间关系的发展；还包括了现实的人的个体个性化的全面自由的发展，以及现实的人的主体性的全面自由的发展。人的本质在于人具有区别于动物的社会属性，因而人不仅仅要在个体自身方面要具备个性化，而且要在其社会性方面具备丰富性。也就是说，人的全面自由的发展是要立足于满足现实的个体的自身需求的情况下，去持续提升个人的自身能力，进而解放个体的个性，丰富自身的社会关系，以此来实现"现实的个人"全面自由的发展。

二、数字技术时代大学生全面自由发展所面临的机遇

新科技革命带来的数字技术高速发展，为新时代的大学生提供了更多思想与观念的解放和提升的空间。在数字技术时代，新时代的大学生能够更真实地展现自己，这在一定程度上满足了大学生在社会关系和精神生活方面个性化发展的需求。

（一）数字技术时代为大学生的全面自由发展提供了有利的环境

新时代"00 后"大学生被称为网络"原住民"，网络成为陪伴他们成长的工具。数字技术的迅猛发展，将传统的大学生网络学习生活环境从单一维度拓展为更为立体多元的交流维度。这打破了原有网络环境中时间与空间的限制，使大学生的学习生活环境在时间和空间维度上有了更大的突破。这不仅为大学生提供了更多元化的网络活动范围，同时也促使了新的生产与生活方式的产生，从而为大学生的全面自由发展奠定了基础。同时，数字技术也推动了社会层面的文化生产活动的繁荣发展。数字技术手段的普及催生了大学生的新思维与新的行为方式，形成了独具数字化特色的网络文化，这也对网络道德的发展产生了一定的影响，而正确的道德观是人的全面自由发展所必须具备的因素。数字化时代创造的新型网络环境拓展了大学生的社会关系，虚拟化的网络社会关系增强了大学生与更多人的互动，促进了大学生在网络社会中社会关系的发展，同时也满足了

大学生在精神方面的需求。数字技术时代创造的虚拟网络空间，为"00 后"大学生提供了更多展现自我的平台，创造了更多满足个人能力发展和主体性提升的条件。

（二）数字技术时代满足了大学生的主体性发展需求

数字技术时代的多元特点为新时代的大学生思想观念的快速发展提供了无限可能性。无限的时间和空间构筑了多维度的网络空间，这使得新时代的大学生能够在其中充分展示真实的自我。在这个数字化环境下，大学生的主体性必然显著提升。大数据、云计算、人工智能、物联网、区块链、虚拟现实技术等新兴的数字技术为大学生的思维与行为发展提供了更加广阔的时空，扩展了大学生思维能力的边界，并突破了传统的限制。同时，新兴技术也极大地扩展了大学生学习交流的范围，并改变了传统的学习交流方式。数字技术创造的新型网络环境提升了大学生接收、分析、加工和处理数据信息的能力。

在数字技术飞速发展的时代，各种层面的信息资源迅速传播。信息的迅速传播对大学生的学习能力和社交能力产生了深远影响，大学生的交往能力和交往速度得到提升。由于大学生处于虚拟的网络环境中，摆脱了传统的身份限制，因而大学生发挥主体创造力的能力得以大大提升。同时，数字技术也促进了教育者能力的提升。借助数字化手段，教育者能够提高道德教育的预测能力，从而大幅提升对大学生网络道德教育的实效性。数字技术时代的到来搭建了如数字图书馆、智慧型学习资源平台、数字化政府网站等更多数字化平台。这些数字化信息平台的建立为大学生的学习和社会生活提供了更大便利。大学生可以根据自己的兴趣进入各种信息化网站平台进行知识搜集与学习。通过新型数字化平台，大学生能更多地了解和参与社会公共事务，查找学习资源，不受时间和空间限制。在这个过程中，大学生能根据自己的学习兴趣和个人能力筛选、组合和共享各种信息资源，从而提升在数字化平台上的数据资源认知和使用能力。最终，这将进一步改变大学生在数字网络环境中的思维模式，最大限度地提升个体的主体性能力。

（三）数字技术时代满足了大学生的个性化发展需求

每个人的个性化差异都是其作为"现实个体"最基本的特征之一。"00 后"大学生的成长过程伴随着网络的迅速发展，因此被称为网络"原住民"。他们对于新事物的接受能力极强，具备较高的自我意识，思维和观念更为多元化，拥有强大的自我学习能力，并且拥有广泛的兴趣爱好。然而，他们还缺乏一定的分辨能力，合作意识相对较弱。大学生正处于世界观、人生观和价值观发展的关键阶段，他们对个性化追求的需求较为明显。这体现在他们的思维活跃度较高，情感表达较为直接，自我意识的发展也更加鲜明。大学生的个性化发展需要他们有自我意识，以积极主动的精神参与学习和社会活动，以创造性的态度推动个人能力的发展。他们应能够根据社会的实际需求，结合个人成长的需要，做出科学的、准确的选择。在数字技术时代，更加强调大学生作为独立个体的现实存在和自由，有助于凸显他们的个性化特征。数字技术为大学生提供了更多展现自我的机会，促进了他们的个性化发展。通过数字技术，大学生能够更加清晰地表达自己，与他人进行交流和互动，塑造独特的个人形象。因此，数字技术时代有助于明确和突出大学生的个性化特点更加明确和突出。

在数字技术时代，借助大数据、云计算等数字手段，为当代大学生提供更为个性化的教育已成为可能。具体而言，利用大数据可以对大学生群体的数据进行收集与分析，以及利用云计算手段，能够向学生提供立足于他们个体需求的、个性化的教育方案、模式和内容。这一过程的核心在于将学生置于教育的中心，使教育以学生为中心展开。

对于大学生网络道德教育而言，数字技术的应用具有一定的促进作用。通过精准收集大学生的相关信息，借助大数据分析，可以得出关于大学生思维习惯和行为特征等方面的有针对性的数据。基于这些数据，可以有针对性地向目标群体推送精准的网络道德教育内容，优化传统的"大水漫灌"式的教育形式以及通用化的教育内容。此举能够有效地剔除冗杂的教育信息，满足大学生个体化的需求。从数据的前期收集、中期处理，到后期精准推送，整个流程都在实践以学生为中心的个性化教育。随着数字技术的不断迭代升级，通过建立精准的学生画像平台，可以实时监控学生在网络空间的行为，随后进行数字化整理与分析。这为构建符合学生个性化需求的学生数字画像平台奠定了基础。在这个平台中，各类数字化模型能够有效地帮助学生获取有针对性的教育内容。从而，将传统的"大水漫灌"式的网络道德教育逐步升级为更为精准的"精准滴灌"式的教育过程，为大学生提供高质量的个性化教育内容。

在数字技术时代，当代大学生的个性化学习得以高度实现。数字技术时代的到来使网络覆盖范围与普及率大幅提升。各类智能终端服务为当代大学生提供了多元化的学习场所、工具以及智能学习伙伴。高端数字技术在大学生网络道德教育中广泛应用，极大地提升了教育环境的智能化水平。通过技术手段，教育者能够感知具体教育场景，识别大学生的学习状态，并获得详细的教育效果反馈。同时，这些技术还为未来的教育内容提供了前期的数据支持，可以经过改进后应用于下一步的道德教育过程。数字技术创造了更开放、互动、平等和虚拟的网络交流平台，极大地丰富了大学生在多元化网络空间中的人际交往。通过全程智能化跟踪，能够真实地反映教学效果，用以检验大学生网络道德教育的实效性。数字网络环境中教育者可以实时掌握大学生参与情况，以便更合理地规划网络道德教育的时间、地点和形式，借助便捷的数字技术工具提升效率。针对大学生的学习特点、个人需求以及兴趣爱好，数字技术时代实现了个性化教育投入。针对性的网络教育资源全面满足了当代大学生在网络道德教育过程中的个性化需求。

三、数字技术时代大学生全面自由发展所面临的挑战

矛盾存在于一切事物发展过程中。在数字技术时代，大学生的全面发展虽然面临着蓬勃发展的新机遇，但同时也面临着实际的挑战。数字技术时代，网络环境变得更加开放，充斥着海量信息，这必然对当代大学生的价值观、思维模式和行为方式产生影响，从而给大学生个体的全面自由发展带来一定的挑战。

（一）数字技术对人的道德主体的挑战

数字技术的快速发展与广泛应用正在深刻影响着人类社会，并改变着传统的交往方式。这种发展在某种程度上已经超越了人类智力的水平，因此必须警惕数字技术在发展过程中可能对人类主体地位和道德地位造成的威胁。新兴的人工智能技术赋予了机器深度学习的能力，使其能够模仿人类情感和思维，并独立识别和解决问题。

我们需要思考人工智能技术的发展是否严重威胁了人类主体地位。我们需要深入思考，是机器本身具备这种能力，还是机器的设计者在操控机器的行动。这些问题涉及人类伦理道德问题，对人类社会的未来走向至关重要。根据唯物主义理论，物质决定意识，意识对物质起反作用，即人是主体，物是客体。然而，在数字技术时代，人工智能所创造的产物已超越了数字工具的角色，某些领域的技术发展使人工智能超越了个体人类的思维能力。在某些情况下，人工智能技术与人类主体之间的关系不再仅是主客体关系，而可能出现人工智能具备主体能力的情况。

从道德伦理学的角度来看，数字技术的发展可能颠覆人类社会中人类主体的地位，这对传统道德观念产生了冲击，甚至存在机器僭越人类主体地位的危险。这引发了人们对于伦理道德问题的深刻思考。

（二）数字技术对人的道德信仰的挑战

道德在一定程度上体现了意识形态，而道德信仰则反映了个体精神状态。道德信仰涵盖了知识、情感、意志和行为等方面，其中的核心是坚定的信念。社会发展过程中，我国在市场经济发展阶段曾受到利己主义、拜金主义、个人主义等消极价值观的影响，这些价值观在当时对人们的学习和生活产生了严重影响，至今仍然对其思维方式和行为习惯有深刻影响。随着数字技术的迅猛发展，网络空间的影响力不断扩大，这给大学生的网络道德教育带来了挑战。

数字技术的发展可能会放大网络空间中存在的不良道德内容对大学生的负面影响，尤其是在道德素养的培养方面。这种消极影响可能导致大学生的价值观混乱和迷失，使得他们以个人利益的得失来评判道德，从而丧失对正确、积极道德信仰的追求，促使消极网络道德问题蔓延。数字技术也推动了全球化进程，在网络环境中可能将西方腐朽思想隐藏在信息传递中，影响大学生。这可能导致中国传统优秀道德被低俗道德所取代，引发不同文化之间的冲突，以及不同国家主流道德在网络中的碰撞，给当代大学生的道德信仰生成和发展带来巨大困扰。网络环境中的消极因素往往会歪曲主流道德思想，传递不当道德内容，使尚未形成完整价值观的大学生质疑，挑战正确道德信仰的存续。

（三）数字技术对道德伦理的挑战

数字技术时代的进步让我们可以预见未来社会的发展形态。大数据、云计算、人工智能等技术手段将重新构建当前社会的生产力、生产关系和生产方式。然而，在数字技术领域，算法技术本质上可能存在隐含的歧视性。许多算法呈现出不对称和不透明的特征，导致了算法技术的"黑箱化"现象，信息壁垒和数字鸿沟等问题的出现。这些现象违背了社会公平原则，对道德伦理构成了巨大挑战。

在实际社会中，尽管数字技术在网络环境中广泛收集、传播和共享数据，但也可能存在威胁国家主权和安全漏洞，为不法分子所利用，导致网络攻击的发生。对于主权国家的安全而言，这构成了极大挑战。

在现实社会交往中，数字技术的发展使得现代网络虚拟程度达到了极高水平，可能导致大学生完全沉浸于虚拟网络空间，对现实世界的人际交往产生厌恶情绪。这种现象从根本上否定了传统社会伦理生活，让人们忽视了自身作为主体的伦理道德责任。这种情况给主流道德伦理观念带来了挑战。

（四）数字技术对道德规范的挑战

在数字技术时代，大数据共享的技术已经突破了时间和空间的限制，能够在全球范围内自由流动，不受国家、民族、种族、地域、宗教、制度和社会文化等客观因素的限制。这种高度的信息共享也不受道德规范标准的差异影响。例如，善恶的不同认定、积极和消极道德观念的界定，以及人类行为的正义与非正义的标准等。然而，尽管数字技术的共享程度达到了前所未有的高度，却可能对当代大学生的思维方式和行为规范产生一定的冲击。数字技术传播信息的方式超越了时空的限制，这可能导致跨时空传播产生激烈的矛盾。大学生可能因此对网络道德意识规范感到困惑，庞大且复杂的信息可能在心理上引发深刻的困扰。此外，数字技术时代还带来了不同地域文化的冲击。各国文化的多元差异可能让处于网络空间中的个体产生文化冲突的情感。各国历史、社会制度的差异造成了文化的多样性，而这些文化差异可能会极大地影响人的情感价值观的形成与发展。数字技术革命最初起源于西方发达国家，从最早期的技术传播开始，这些国家可能通过隐蔽手段在网络空间中构建霸权。随着数字技术的持续快速发展，这种所谓的网络空间霸权现象呈现出上升趋势。发达国家可能会借助数字技术手段不断传播其道德规范和价值标准，使用隐蔽方式传递其价值观。然而，这些传播的信息内容可能违反道德标准，对大学生的网络道德教育构成一定挑战。

（五）数字技术对道德意识的挑战

数字技术时代为当代大学生提供了更广阔、超越现实社会的交流空间和自由。通过数字技术，大学生在网络空间中可以建立虚拟化的身份，借助数字化和符号化的形式进行交流，超越传统的交往方式。然而，数字技术也赋予了大学生在网络空间中虚拟的身份，这可能导致他们产生违反道德规范的意识，表现为在言语和行为上偏离道德。

由于虚拟化的身份，大学生可能会在心理上感受到一种被保护的状态，从而在网络空间中言行更加放纵。然而，道德认知在实践活动中具有指导作用。在正常的社会交往中，大学生应当具备正确的道德品质和意志，以实现完善的道德人格。然而，数字技术时代的到来不仅为大学生网络道德教育带来新机遇，也可能导致他们的道德意识表现出负面趋势。

虚拟世界与现实世界的差异使得当代大学生在心理上产生疑惑，进而可能形成虚拟与现实道德意识的差异观念。这可能引发一些消极的道德意识，使得他们在网络空间中违背正确的道德准则。当代大学生生活在现实与虚拟世界交织的环境中，必须适应这两者之间的转换。虚拟世界中的虚幻和潜在危机都在冲击着大学生的感知和心灵,对他们的道德观念产生深远影响。

第三节　实现德育数字化发展的必然选择

数字化教育是当代社会应对迅猛发展的数字技术的必然选择,教师的数字化素养的提升也成为当前教育发展的必要课题。这不仅是现今教育改革的方向,还要求人们适应数字技术时代的变革,对传统教育形式进行改革。因此,大学生网络道德教育的创新是实现数字技术时代道德教育信息化的必然趋势。这种创新教育需要以学生为中心,注重满足学生的个性化发展需求,培养学生个人的创新能力。在教育过程中,借助数字技术手段,持续改革教育内容和方式,匹配并应用适合发展需求的教学资源。最终,通过数字化手段对教学效果进行评估,实现网络道德教育的现代化升级。这种升级过程与数字技术的发展相契合,强调了网络道德教育创新的内在迫切性。

一、数字技术时代德育数字化发展所面临的机遇

在数字技术时代,大学生网络道德教育迎来了丰富的数字化发展机遇。目前,各地高校纷纷致力于构建智慧化校园,逐步建立了内部的数字技术平台,以充分发挥数字技术在高等教育领域的重要价值。这对大学生的网络道德教育具有重要而深远的意义。

（一）数字技术为大学生网络道德教育提供了有力支持

数字化校园建设是当前大学生网络道德教育数字化建设的新导向。数字化校园建设涵盖了多项新兴数字技术,如大数据、云计算、区块链、物联网和人工智能等,形成了一个多元技术融合的综合体系。数字化校园平台基于现代智能技术和信息技术,充分采集、分析和整合数据,为大学生的学习和生活等各个方面提供智能化的个性化服务。然而,这样庞大的数字化平台需要校内各部门的紧密合作,才能形成完整的数字化信息系

统。数字化校园平台的构建涵盖了师生的方方面面，需要整合后勤、学生管理、人事等多个部门的参与。传感技术将不同部门的网络系统连接起来，形成更为全面系统的信息网络，包括教务、学工、财务、科研等系统。将这些系统整合成一个学校级的云平台，有助于实时监控教师和学生的数据信息，数字化技术还可以对收集的数据进行深入分析与整合，为学校管理提供科学数据支持，推动科学决策的制定。高校内部的数据错综复杂，信息量巨大，涉及跨部门信息内容，因此数字技术需要高效且精确，因为只有有效的数据才能为决策提供帮助。数字化校园平台的建设不仅是技术层面的发展，更需要各部门的紧密协作，以实现高效的信息整合与共享。

　　数字技术时代的兴起对传统教学方式造成了显著冲击。云教育资源的崛起已经彻底改变了传统教育资源的应用方式。通过数字化手段，教师可以将教育内容上传至网络空间，学生能够根据自身兴趣和需求，在网络空间中获取所需的教育信息。教育者则可以利用数字手段全面了解学生在网络空间中的学习情况，借助大数据分析学生的学习表现，从而获得更精准的信息。这使教育者能够制定有针对性的教育方案，最大限度地提升教育效果。借助数字化平台所提供的分析结果，教师可以更加有针对性地制定大学生网络道德教育方案。通过对数字化平台的数据分析，教师能够全面了解学生的道德意识水平。另外，根据这些信息，教师可以科学地引导学生学习道德知识，培养道德情感，提升道德意识水平，最终影响学生形成正确的道德行为。网络空间本身具有与传统课堂不同的特点，因此传统的教育方式和内容已经无法适应当前的教育环境。大学生网络道德教育需要借助数字技术平台，帮助教师有针对性地培养学生正确的网络道德观念，塑造良好的网络道德品质，从而引导个人实现正确的网络道德行为。这种数字技术的应用为网络道德教育提供了有力支持，使其能够更加科学、有效地实现目标。

（二）数字技术为大学生网络道德教育提供了现代化的发展空间

　　数字技术在大学生网络道德教育的现代化创新中提供了全球化的发展空间。数字技术时代的特点之一是"万物互联"，它拓展了网络空间的时空范围，推动了全球范围内的交互影响与发展。在这个数字化时代，教育和文化等领域跨越国界的交流不断碰撞，这也要求人们不断吸取其他国家文化中的多元优秀内容，推动我国社会主义特色文化的传播。然而，在不同文化交流的过程中，也可能存在意识形态的渗透。因此，道德教育需要发挥其在意识形态领域的主导作用，用主流的道德标准来规范现代化的网络空间。

　　数字技术的发展为人类创造了数字化的生存空间，这也是大学生网络道德教育现代化发展的需求。新的空间环境必然影响传统的教育方式和内容，需要与之协调同步发展。数字技术为网络空间的现代化赋予了更多内涵，同时也提出了更高要求。这也孕育了新的网络环境中的社会群体，使他们的思维方式和行为特征与传统有所不同。数字技术为大学生网络道德教育的发展提供了广阔的空间，创造了崭新的社会群体平台，从而推动了网络道德教育不断进步。在这一过程中，大学生网络道德教育需要在主流意识形态的指导下进行，使道德教育与数字技术下的网络空间相结合，形成数字技术与网络道德教育的合力。

（三）数字技术为大学生网络道德教育的决策者提供了更科学的方法

在传统网络化时代，人们通常会根据调查研究的采样结果来推及整体，从而预测未来发展趋势。但是，这种方法往往带有一定的偏差。而在数字化时代，数字技术的应用使得数据分析变得更加便捷，不仅专业人员，即使非专业人员也可以按照操作要求进行全面的数据采样、分析和整合，得出相对准确的结论。数字技术构建的智慧校园平台在大学生网络道德教育中起到了积极的推动作用。通过前期对数据的全面记录和分析，基于数字化智慧校园平台，可以科学地反映教师和学生的真实需求。数字技术将分散的数据整理后，揭示了数据背后的规律和关联性。科学的分析结果为大学生网络道德教育的决策者提供了准确的信息，为教育内容的制定提供了真实的依据。此外，大学生网络道德教育还可以利用技术手段进行教育策略的技术预测，如果预测结果偏离既定目标，可以及时修正，以避免教育过程中的偏差。数字技术的应用有助于优化大学生网络道德教育的教学过程，最终促进网络道德教育的现代化变革。

二、数字技术时代德育数字化发展所面临的挑战

随着大数据、云计算、人工智能、物联网、区块链等先进技术在学校教育中的广泛应用，教育领域的资源变得丰富多样，学校教育也拥有了更多的发展可能性。数字技术在大学生网络道德教育过程中的应用，包括数据的收集、分析、整合和应用，给网络道德教育的数字化发展带来了全新的挑战。

（一）数字技术时代对大学生网络道德教育的教育者提出了更多的要求

数字技术时代带来了深刻的变革，对大学生网络道德教育产生了影响，教育者和学生之间的关系也进入了新的发展阶段。然而，传统的大学生网络道德教育中的部分教育者尚未充分掌握新兴数字技术的应用能力。只有掌握了数字技术能力和网络道德教育知识体系的教育者，才能在数字技术时代对大学生的网络行为进行正确的引导和纠正。然而，在当前的教育体系中，一些教育者仍缺乏数字技术的运用能力，缺乏网络道德教育的意识，这给大学生网络道德教育的数字化发展带来了挑战。

教育者需要从虚拟的网络空间中收集有关大学生网络道德的有效信息，具备对庞大信息进行分类的能力，并在此基础上进行合理的分析和整合。随后，根据整合的结果，提供适合学生需求和接受程度的道德教育内容，为不同的学生群体提供有针对性的道德教育，实现因材施教。在数字技术时代，实现以学生为中心的因材施教，以提升大学生网络道德教育的效果，这对教育者的数字化水平和数字化能力提出了更高要求。

教育者需要具备敏锐的大学生网络道德教育数据分析能力和信息鉴别能力，能够根据现有数据进行有效且正确的信息解读，进而利用技术手段进行科学的分析，并将分析结果应用于实际的大学生网络道德教育中。这样的能力将有助于教育者更好地引导学生，促进网络道德教育的现代化发展。

（二）数字技术时代对大学生网络道德教育的技术提出了更高的要求

在数字技术时代，充分挖掘与大学生网络道德教育相关的丰富数据信息，需要借助计算机技术和数理统计技术，构建适应大学生网络道德思维和行为的数据模型。通过前期的大规模数据收集，建立一个庞大的数据信息池，并根据不同的需求建立不同的数据模型，全面整合适用于大学生网络道德教育的参考数据分析模型。数据信息池可以根据学生的特征将其划分为不同的群体，并为每个群体设置标签。这样的分类设置能够在具体的教育活动中开展针对不同群体的个性化活动，从而更有效地推进大学生网络道德教育。

一旦构建了数据分析模型，便可以利用它来分析大学生网络道德思维与行为之间的关系，不断改进实际教育内容的方法和呈现方式。通过对数据模型的分析，教育者可以更好地理解学生的网络行为特点，获取更有针对性的方案。这种基于数据分析的方法有助于优化大学生网络道德教育的效果，使其更加贴近学生需求，提高教育的针对性和实效性。数字技术为这一创新提供了强大的支持，也为大学生网络道德教育的现代化变革创造了更多的机遇。

（三）数字技术时代对数字化智慧校园的建设提出了更新的要求

数字技术不断展现新特征，对高校教育提出了更高的要求。数字技术的多样性、复杂性和广泛性给数字化智慧校园的构建带来了更大的挑战。数字化智慧校园的建设不仅仅涉及校园范围的网络覆盖，更需要在网络内部对数据进行深入解读。通过智慧平台的建设，运用先进技术进行数据提取、分析、整合、存储和管理等一系列过程。传统的网络平台只能实现简单的数据提取，而数字技术时代要求高校技术平台与时俱进，特别关注大学生网络道德教育，以满足数字技术时代的需求。

新建的数字化智慧校园平台需要具备巨大的存储能力，因为现代化的数据需求涵盖了学生多个维度的信息。这需要超大的存储空间来满足海量数据的储存需求。在大学生网络道德教育中，数字技术的关键在于收集与大学生网络道德相关的数字信息内容，只有这样才能通过教育解决相关问题。换句话说，如果数据信息不能真实有效地反映现有问题，那么后续的数据分析结果就不会有任何有效价值。

数字化智慧校园平台要求各类数据库之间具有高度的共享功能，这有利于最大限度地发挥数据信息的价值。通过技术手段紧密衔接数据之间的联系，形成统一的数据平台。因此，数字技术需要打破传统的部门之间的数据壁垒，消除数据孤岛，通过数字技术手段将庞大的信息数据库充分整合，形成高质量的大型数据库，从而在推动大学生网络道德教育方面发挥重要作用。这一过程的实现对于数字技术的深度应用和高校教育的现代化发展都具有重要推动作用。

第三章　数字技术时代大学生网络道德教育的现实图景

在大数据、云计算、人工智能、区块链、物联网等数字技术不断发展的推动下，网络空间是全新的人类生活和交流场所。网络空间的虚拟化、开放化和自由化等特征使得社会主义道德规范受到了一定程度的冲击和影响。在某种程度上，网络领域的道德约束力可能会减弱，从而导致大学生在网络场景中的道德失范或道德滑坡现象成为必然。作为网络领域的主要参与者，新时代大学生的思想道德水平直接影响着整体网络道德水平。

目前，我国大学生的网络道德状况整体上呈现出积极向上的趋势，但仍有部分大学生存在道德失范的情况。因此，在数字技术时代，道德教育工作者必须准确了解大学生网络道德现状，并深入分析背后的深层次原因。这有助于高校教育工作者更有针对性地开展大学生网络道德教育活动，以更好地引导和影响大学生的道德观念和行为，从而推动网络空间中的道德秩序建设。

第一节　数字技术时代大学生网络道德现状

当前，数字技术时代深刻地影响着大学生学习和生活的各个方面，尤其给活跃于网络空间中的大学生带来了显著的变革，进而影响了大学生网络道德的演变。一系列具体调查显示，绝大多数大学生在数字技术时代的网络环境中，呈现出积极向上的道德观念，并展现出向上发展的趋势。他们深植爱国主义情怀，积极遵循网络道德准则，推崇集体主义价值观，乐于参与网络公益活动等。

当然，考虑到网络空间的复杂性以及数字技术的影响，一些思维活跃、价值观尚在形成中的大学生可能会出现网络道德失范的现象。这种现象在一定程度上是可以理解的，毕竟网络空间的开放性和多样性可能会影响到个体的行为准则。因此，在数字技术时代，大学生网络道德的培养和引导任务显得更加迫切，需要通过有针对性的教育措施来引导大学生在网络空间中形成积极健康的道德观念，以确保网络空间的和谐有序发展。

一、数字技术时代大学生网络道德的良好表现

大量的调查研究显示，现代大学生普遍能够清晰地理解网络道德的内涵，对网络道德现象持较为理性的态度，并能进行理性的判断。他们怀有浓厚的爱国情感，对维护网络空间安全抱有坚定立场，积极遵循网络道德规范，表现出强烈的网络情感共鸣，并对网络公益活动表现出高度热情。

（一）总体认知水平较为理性

从众多网络调查中可以看出，在数字技术时代，大学生的网络道德整体认知水平呈现出理性发展的趋势。绝大多数大学生能够清醒地意识到网络空间存在的双重性，正确把握数字技术时代网络道德的基本概念。他们明确理解网络道德的内涵，即在网络空间中，人与人、人与社会之间的交往应遵循一定的道德准则。虽然网络空间具有虚拟特性，但行为仍需遵守道德规范。大部分大学生表示，他们会坚决抵制网络空间中的消极、腐朽思想和行为，绝不盲从。对于不道德的观念和行为，他们会理性判断并积极制止身边人的非理性的"跟风"行为。尽管当代大学生正处于价值观形成关键阶段，道德观念可能不够清晰，判断可能会有误，但从实际网络行为来看，整体上，大学生在网络空间中表现出理性、积极的网络道德态度。

（二）坚守爱国主义立场

在现代社会，爱国主义是中华民族传统的价值观之一，其作为对国家深切热爱的情感，是每个人都应具备的美德。爱国主义不仅能够增强国民的自信与自豪感，也是社会主义核心价值观的重要组成部分，激励着人民为中华民族的伟大复兴作出贡献。数字技术时代，爱国主义是大学生行为规范的重要情感基础，其价值和地位不会因时代变革而动摇。

在数字化时代的网络空间，多元化的意识形态冲击并不会动摇大学生爱国主义信念。大学生在网络互动中虽然经历了虚拟与现实的交错，但其坚定的爱国主义立场并不受影响。他们通过多种方式，如文字、图片、短视频等，表达个人的爱国情感，传播积极的爱国思想。通过关注国内外新闻，转发表达情感，大学生在网络空间传递着爱国之情。数字技术手段也扩展了爱国情感表达的方式，大学生在微博上关注国家话题，用短视频传递主流爱国情感。面对网络消极舆论，他们保持理性爱国情感，积极关注主流媒体，抵制错误思潮，传递积极的网络爱国主义。

在网络环境中，大学生通过对爱国话题的关注，用理性爱国声音回应负面舆论，展现出强烈的责任感。他们遵守法律法规，表现出对国家建设的奉献意愿。这些积极的行为，正是当代大学生履行"强国有我"誓言的实际行动。数字技术时代下，大学生通过多维影响力，用理性爱国情感构筑积极网络舆论，为国家的繁荣稳定贡献着自己的力量。

（三）积极遵守网络道德规范

网络道德规范是对网络道德原则的具体体现，是社会公认并确立的准则，用于引导和规范网络道德行为。它也是评价和判断个人行为善恶的基本价值标准，能够及时评价网络空间中的行为，并起到引导作用。在网络空间中，每个人都需要在特定情境和社会制约下建立自己的道德意识。对大学生而言，在网络空间中建立积极的道德修养是必要的，这有助于他们在现实社会与虚拟网络环境中切换角色。

大学生作为网络空间的重要群体，他们的道德认知影响着整体网络道德水平。现代大学生清楚自己在社会中的道德责任和义务，能够行使道德权利，严格遵守道德法规。调查研究表明，大多数大学生了解网络道德规范的具体内容，在网络上没有传播不当或过激言论。他们能够理性辨别虚假舆论，及时制止和反驳虚假信息。大部分大学生具备正确的网络安全意识，重视自己在网络中的责任。他们遵守网络法律法规，抵制违反网络安全的行为，不传播虚假信息扰乱网络秩序。他们尊重他人的隐私，合理使用网络资源，真正实现理性上网，为营造积极健康的网络空间环境努力，自觉抵制网络不文明行为的传播。

在数字化时代，大学生通过遵守网络道德规范，展现出对社会的责任感和使命感，为构建良好的网络道德环境贡献力量。

（四）弘扬集体主义价值观

集体主义价值观作为社会与个人利益关系的调节准则，一直被我国视为社会主义道德的核心原则，在实际社会生活中引导着个人与社会利益的平衡。这种价值观既体现了社会道德的要求，也强调了个人美德的培养。然而，在数字技术时代，大学生在网络空间中可能受到个人主义和利己主义等错误思想的影响。尽管如此，他们总体上仍然坚持着集体利益的立场，严守集体与个人利益的统一。

在网络空间中，大部分大学生能够清晰认识到当个人利益与国家或集体利益发生冲突时，应先考虑国家和集体的利益。他们在网络交往中始终秉持传播正能量、弘扬主流价值观的原则，将网络空间的文明公约视为个人道德行为的指南，自觉践行。面对重大事件和挑战，大部分大学生展现出无私奉献的精神，特别是在国家面临困难时，体现出坚定的集体主义意识。他们不仅在行动中参与，还在网络空间中积极传播道德楷模的先进事迹，通过弘扬集体主义道德规范加深对网络道德的理解，深刻领悟后形成内心的行为准则，以此来引导自己的行为。

大学生在数字技术时代下，虽然面临着各种价值观的冲击，但他们仍然坚守集体主义的信念，用积极的行动和正能量影响着网络空间的发展和文明。这种坚守集体主义价值观的行为，不仅体现了大学生的社会责任感，也为网络道德的传承和培育作出了积极贡献。

（五）具备强烈的网络共情能力

根据当前的调查研究，可以发现在数字技术时代，大学生的网络道德情感呈现出丰富多样的特点，其中涵盖了网络正义感、网络责任感、网络共情等多个方面。在这些特点中，网络共情表现得尤为显著。举例来说，当网络报道重大事件时，绝大多数大学生会感到悲伤和同情，这表明他们在面对他人陷入困境时，能够产生强烈的共情共鸣，表达出对他人遭遇的情感认同。这也意味着在数字技术的影响下，当代大学生并没有失去对现实世界个体情感的表达，他们能够真实地在虚拟空间中体现个人真情实感，从而保持了情感的真实性和理性的表达。

这种网络共情的表现不仅体现了大学生的同情心和情感认同，也反映出他们对社会问题和他人处境的关注。数字技术时代，虽然人们在网络中进行交流，但大学生依然能够感受到他人的情感和需求，从而表现出积极的情感共鸣。这种情感共鸣的存在，有助于维护网络空间的人文关怀和道德共识，让网络世界成为情感交流和共情互动的重要平台。通过在网络空间中表达情感共鸣，大学生不仅展现了自身的情感素养，也为网络道德的培育和提升作出了有益贡献。

（六）积极参与网络公益活动

众多数据研究表明，数字技术时代的大学生在网络公益活动中表现出了积极的参与态度。调查发现，绝大多数大学生都曾参与网络举办的公益活动，通过自己的善举帮助那些在现实社会中需要帮助的人。随着数字技术的发展，网络公益活动得到了更多大学生网民的支持与参与，数字化平台的改革为公益事业提供了更多的机会。社会公益事业体现了人道精神，是社会文明进步与人类全面发展的重要标志。自觉的奉献精神是时代赋予每个人的使命，也是民族复兴的使命。

在当代大学生看来，网络空间成为展开公益事业的新平台。网络公益活动已经成为大学生志愿活动中的常见形式，各种公共网络平台传播各类公益活动的信息。大学生通过校园官微、视频号、公众号、贴吧等数字化网络平台，积极宣传社会公益事业，并为其提供支持。大学生将线下志愿者活动拓展到了网络空间，促进了网络公益事业的蓬勃发展，也吸引了众多大学生积极参与网络公益活动，从而提升了网络道德教育的实效性。

随着数字技术时代的推进，网络空间中的志愿公益活动日益成熟，大学生通过新形式不断传播中华优秀的传统文化，让中华民族传统美德深植于每个大学生的内心。这些通过网络传播的正能量逐渐深入人心，通过实际行动传播社会正能量，也逐渐成为当代大学生所推崇的道德精神。

二、数字技术时代大学生网络道德的失范现象

众多关于大学生网络道德的调查研究表明，在数字技术时代，网络空间的交流呈现出更加自由的特点，这对当代大学生的生活习惯、学习方式和思维方式都产生了深刻的影响。然而，尽管现实中的道德教育在网络空间中存在，却难以充分发挥其应有的作用，从而导致大学生在网络道德方面存在着一些问题。由于当代大学生的自我控制能力相对较弱，并受制于现实社会条件的影响，部分大学生在网络空间中可能会出现一些网络道德失范的现象。

（一）存在知与行的分离现象

在数字技术时代，通过数据调查和分析，部分现代大学生的网络道德认知与行为存在一定分离的现象。在实际网络行为中，绝大多数大学生清楚地知道哪些行为符合道德标准，哪些行为违反了道德准则，并且能够明确地区分它们。然而，当被询问是否有违反网络道德标准的行为时，一部分大学生承认在网络空间中做过这样的事情。

在网络空间中发现道德失范现象如何应对的问题时，部分大学生可能会面临选择困难：不知道是直接指出问题，还是选择保持沉默，甚至在严重情况下向管理部门举报。这种情况表明，尽管当代大学生对网络道德的规范标准有明确的认知，并且具备理性的网络道德意识，但在实际的网络道德行为中，现实因素往往会产生影响，导致一些正确的行为措施被忽视或回避。

（二）责任感与正义感不足

在虚拟的网络空间中，许多大学生似乎缺乏足够的网络责任感和正义感。他们在面对应该坚守原则、维护正义以及承担网络空间责任时，往往表现得相对冷漠。这种现象可能是因为在网络交往过程中，大学生逐渐剥离了自身的物理存在，取而代之的是数字化的符号、语言和表情等，从而导致一定程度的隐匿性。

在网络空间交往中，大学生往往根据自身兴趣进行活动，但一旦面临需承担的责任时，有时会选择逃避。这可能与物质身体与虚拟数字身份同时存在的情况有关，导致他们对责任感和正义感的体验较为淡薄。面对网络暴力等人身攻击问题时，一些大学生可能会陷入犹豫，受到群体无意识行为的影响，使得他们失去了正确判断和自我控制的能力。其结果之一就是，在网络中表现出不道德的情绪宣泄言论或行为。这可能导致大学生逐渐失去在网络空间中的社会责任感。许多网络暴力事件发生在事实确认之前，人们对当事人进行道德谴责和攻击，给当事人造成巨大身心伤害，这种行为往往是人们情绪不理性的表现。这些言论往往缺乏对客观事实的理性分析，具有非理性的特征。而发表这种不负责任的道德谴责言论的人往往会在事件发展后隐匿起来，逃避责任。

在大学生形成世界观、价值观和人生观的关键时期，他们容易受到网络舆论的影响，可能忽视事实真相，盲目在网络空间中对他人进行不客观的道德判断。网络空间的虚拟性和匿名性可能会让人们逃避道德责任和正义感，许多大学生很难意识到自己的道德问题。因此，导致大部分大学生可能存在网络道德责任感和正义感缺失的现象。

（三）自我约束力尚且薄弱

在数字技术时代，人们可以观察到大学生在网络空间中的行为存在着自我约束力较为薄弱的趋势。网络空间对大学生来说常常成为一种放松式、娱乐化的活动场所，用以缓解现实生活中的学习和生活压力，满足内心真实需求。然而，现实中的一些大学生可能缺乏足够坚定的意志力和自我控制能力，导致在网络空间的活动中陷入沉迷。例如，有些大学生可能沉迷于网络游戏，沉迷于虚拟社交，或者沉溺网络信息等。这种长时间的沉迷使得他们逐渐脱离现实生活的其他重要事务，包括人际沟通、学业、工作等，甚至可能逐渐逃避现实环境，采取消极的心态和行为。

数字技术的快速发展使得网络空间得以拓展，然而这也带来了一些问题。一部分大学生可能因为沉迷于虚拟的网络世界，而逐渐削弱了自我约束力和意志力。这种情况对于大学生来说是一种挑战，需要他们更好地平衡网络空间与现实生活，以避免陷入不健康的沉迷状态。

（四）泛娱乐化较为流行

在数字技术时代，网络空间呈现出娱乐化的特征，尤其对大学生而言，这个空间充满了探索的欲望。然而，由于大学生的价值观尚未完全成形，他们容易受到外部环境的干扰，特别是受到泛娱乐化的影响。泛娱乐化在网络空间中引发了一系列衍生产业，加上数字技术的发展，精准的大数据技术可以智能地向受众推送直播、视频、购物等内容。然而，大学生对这种碎片化、肤浅的泛娱乐化趋势缺乏充分的辨识能力。由于他们的价值观还在关键的形成阶段，容易迷失自我，只图感官上的刺激，从而受到虚无主义价值观的冲击。一部分大学生可能缺乏对历史虚无主义的批判能力，这导致他们在网络空间中对主流道德和中华传统美德产生误解，进而迷失方向。这种情况可能导致网络道德观念认知的偏差，甚至异化了大学生原本正确的道德认知结构。另外，盲目追随网络消费趋势会扭曲大学生的消费观，数字技术通过技术手段将消费网站引流到目标客户群体，引发一部分大学生的虚荣和攀比心态，严重损害其身心健康的发展。

网络游戏中充斥着暴力等消极因素，也可能影响大学生的身心发展和自律意识的形成，从而对其正常的学习生活产生负面影响。如果沉迷于此，甚至可能使大学生失去现实世界的道德判断力，功利主义和享乐主义不断冲击正常生活。这些现象都是对大学生网络道德的一种警示。在这一背景下，大学生需要更加强化自己的价值观教育，培养批判性思维，提升道德判断力，以确保其在数字技术时代下能够更好地抵御网络空间中的消极影响，保持积极健康的网络道德行为。

（五）存在恶意传播负面舆论的现象

当今的大学生拥有活跃的思维能力，容易接受新事物，勇于创新，并具备高水平的数字技术媒介素养。与此同时，数字技术时代的网络空间呈现出去中心化的特点，人人都可以自由发表个人意见。这种趋势促进了网络空间中人们之间的沟通交流，为共同兴趣爱好的人群提供了独特的聚集地。在这种自由开放环境中，人们愿意通过评论、留言、转发等方式表达情感和意见，积极参与网络热点的讨论。

目前，网络空间中的大学生在整体舆论表达方面呈现出积极向上的态势。大多数大学生能够准确地表达情感和需求，客观评价时事新闻。然而，仍然存在一些大学生受焦虑和从众心理的驱使，盲目跟风散布谣言，发布虚假言论，未能履行正确的网络道德责任。网络空间中信息传播迅速，少数大学生由于道德观念尚未牢固，不经意间成为谣言的传播者。他们在网络上转发、评论信息，引发社会恐慌，产生极大的负面影响。部分大学生无视网络道德法律，缺乏完整的网络道德素养，削弱了自我约束和自律能力。一些大学生受到猎奇心理的驱使，成为谣言传播的源头。这种盲目跟风和个人情绪宣泄的行为，主要是因为他们尚未具备足够强的网络道德意识和辨别是非的能力。在这样的背景下，加强大学生的网络道德教育至关重要，培养他们正确的信息判断能力，强化道德责任感，以确保他们能够在网络空间中做出积极、负责任的行为，避免被虚假信息和谣言所误导。

（六）存在网络诚信缺失的现象

随着数字技术的变革，网络空间迅速发展，大学生的网络交往方式产生了巨大的变化，同时也引发了网络诚信缺失所带来的一系列问题。由于部分大学生对知识产权的认知不足，侵犯知识产权的事件频繁发生。在网络空间中，仍然存在部分大学生下载盗版影像资料和学习资料的行为，虽然他们意识到维护权益的重要性，但在实际行动中，缺乏及时的监督和引导，导致了理念与行为的脱节。数字技术的进步使网络空间呈现出更强的去中心化特征，人们的交往变得更虚拟、多元。大学生可以在网络空间中切换不同身份，在不同环境中与不同人交往。然而，一旦回到现实世界，人际关系和信任感可能变得淡薄，甚至影响到日常的人际交往。这导致网络空间中人际关系难以维持，从而影响到现实中的信任建立。网络诚信缺失还在大学生的学业方面表现出来，如学术剽窃和论文造假等道德失范现象，这些现象反映出大学生对功利化的过度追求。这种道德诚信的缺失会扰乱正常的学术秩序，逐渐削弱大学生网络诚信意识。在面对这些问题时，加强教育引导，培养大学生的正确价值观和网络道德意识，以及提升网络诚信水平，都显得尤为迫切。

第二节　数字技术时代大学生网络道德教育创新的现状

从以上对大学生网络道德现状的反映，可以看出在数字技术时代，大学生网络道德教育取得了一些成绩，但也面临着一些问题。这些成绩主要表现在实际实践中，已经积累了一定的经验。然而，在当前的网络道德教育工作中，仍然存在一些突出问题，需要道德教育工作者将其作为重点关注的方向，进一步探索适应数字技术时代的大学生网络道德教育有效路径。

一、数字技术时代大学生网络道德教育创新取得的主要成就

在数字技术时代，大学生网络道德教育正在逐步摆脱传统的教育模式，经过不断的探索，找到了适应数字技术时代的基本教育模式。通过采取创新手段，大学生网络道德教育在实践中取得了一定的成绩。教育团队规模逐渐完善，覆盖了广大学生群体，教育体系也在不断健全。在大学生道德认知水平不断提升的基础上，大学生网络道德教育的效果也显著提升。

（一）教育团队已较有规模

教育部和国家互联网信息办公室发布的一系列网络建设与管理文件，明确提出了各级教育部门和高校在全员育人基础上推进网络建设、监管和评论队伍建设等方面的意见。许多学校已逐步按照文件要求建立了专兼职网络道德教育师资队伍。这些教师需要具备高水平的思想素养，熟悉受教育群体特点，并具备数字化素养和应用技能。一些学校还

设立了专职网络道德教育教师职位，并在制度层面制定了培训计划、学习制度和考核方法，不断提升教育者的教学能力和知识储备，以适应数字技术时代的要求。教育者需要熟练掌握数字技术，了解网络空间发展工具和知识，为大学生网络道德教育提供支持。同时，在网络空间中，教育者和受教育者的角色是可以相互转换的，因此需要从受教育者中选拔优秀学生团队，用以进行网络道德宣传。通过学校的网络管理规定和管理办法，优秀学生教育团队可以将网络道德知识内化，从学生的角度正确引导同龄人，逐步转化为实际行动。这种双向互动的方式有助于塑造积极的网络道德氛围。

（二）教育对象基本实现了全覆盖

为使大学生网络道德教育发挥应有的作用，需要考虑两个方面：广度和深度。如今，数字技术促进了网络空间的多元发展，时空维度也更为广阔。大学生在网络空间接触到的内容更加丰富多样，因此对网络道德的教育内容需要更加扎实和全面。调查数据显示，绝大部分大学生已经接受过网络道德教育，这已经基本覆盖了大学生群体。借助数字技术时代的新兴科技手段，大学生网络道德教育的形式变得更加多样化。通过数据分析对不同群体的分类，可以实现更精准的网络道德教育信息传递，避免某些群体被边缘化，从而防止网络道德教育的遗漏。然而，仍然存在一些大学生对网络道德学习深度不够的问题，可能会导致道德失范。因此，大学生网络道德教育需要更高的标准，应以大学生群体为核心，根据他们的内在需求，制定适宜的教育内容和方式。同时，要运用多元化的技术手段，从多个维度推进网络道德教育，以实现全面覆盖。

（三）教育效果明显提升

任何教育活动本质上都以其对社会的影响来评价其价值。大学生网络道德教育作为一种实践活动，随着数字技术时代的演进，其教育内容和方式也在不断更新。在创新发展的过程中，大学生的主观意识得到了全面改革和创新。通过数字技术时代的大学生网络道德教育，大学生的网络道德水平、媒体素养以及法律意识都得到了显著提升。从当前的大学生网络道德现状可以看出，当代大学生在充分理解网络道德含义后，能够理性判断网络道德现象，并表现出网络情感共鸣。他们具有鲜明的爱国主义立场，在集体主义价值观的基础上，坚定维护网络安全，积极参与网络公益和慈善活动。经过广大大学生网络道德教育工作者的不懈努力和探索，随着数字技术时代的发展，大学生网络道德教育的效果逐步提升，取得了显著的成效。在数字技术时代，大学生网络道德教育的目标是培养具备底线和德行的新时代大学生,引导他们传播正确的伦理道德思想和新时代文明要求。这种教育实际上为我国培养全面发展的社会主义建设者和接班人奠定了坚实基础,并为实现中华民族伟大复兴的中国梦注入了新的活力和重要力量。

二、数字技术时代大学生网络道德教育创新存在的主要问题

面对数字技术的新发展阶段,大学生网络道德教育在传统大学生道德教育的基础上迈出了创新的步伐。在方式、方法以及具体途径上都展现了新的发展与进步。大学生网络道德教育紧密结合现有的网络道德问题,借助新兴的数字技术手段,持续创新大学生网络道德教育模式,已经取得了一系列研究与实践成果。然而,需要注意的是,数字技术手段兴起于西方国家,在我国教育领域的应用时间相对较短。因此,在当前背景下,我国大学生网络道德教育在数字技术条件下的创新仍然面临一些挑战和问题。

（一）网络虚拟空间的道德教育与实际现实环境的道德教育存在一定的脱离现象

数字技术飞速发展,并已经广泛地渗透到大学生的学习和生活中,从而使得数字技术时代大学生网络道德教育成为一项紧迫的现实任务。在当前的大学生网络道德教育工作中,许多高校已经开始利用数字技术手段逐步推进网络道德教育,并通过构建数字化平台和网络道德研究实践基地等措施取得了一些实际成果。然而,在这一过程中,人们有时候会忽略虚拟网络空间中的道德教育与现实教育场域的道德教育之间应当融合互补的关系。这两者在教育过程中不应完全割裂。目前,在虚拟网络空间中进行的大学生道德教育未能系统吸收与整合现实教育场域中的优秀道德教育成果和教学传统,同时也尚未形成较为稳定的网络道德教育模式。因此,在当前的数字技术时代,如果网络虚拟空间中的道德教育与现实教育场域的道德教育脱节,必然会严重影响大学生道德教育的整体效果和实际目标的实现。

（二）具体教育内容相对脱节

在数字技术时代,教育的核心在于传达有针对性的知识内容,以培养适应社会发展的人才。大学生网络道德教育也深受这一原则影响,教育内容的重要性不言而喻。如今

的"00 后"大学生是网络空间的"原住民"，他们作为现实个体的主体，其个体价值得到了最大限度尊重，对多元化网络道德教育内容的需求也日益明显，渴望获得适应数字技术时代的最新教育内容。然而，当前数字技术时代下，大学生网络道德教育的教育内容供给方面尚未充分满足学生的个性化需求。教育内容与实际大学生在网络空间中的思想行为存在脱节。教育内容未能充分考虑大学生群体内部性别、专业、年级等个体差异，导致网络道德教育缺乏针对性，同质化问题明显，这使得大学生网络道德教育未能基于问题意识进行有效引导，内容无差异地套用于不同群体，从而影响了教育效果。网络道德教育内容缺乏对大学生网络语言表达、网络文化特点以及网络信息获取方式的了解，进一步削弱了大学生网络道德教育的实际效果。另外，大学生网络道德教育的内容未能与网络空间的实际发展同步。数字技术革命引发了社会的深刻变革，网络空间发展更为显著，从而带来了新问题。然而，当前的大学生网络道德教育内容相对枯燥，只是使用传统道德理论进行灌输式教育，未能充分借助新科技手段更新网络道德教育内容，与网络空间中新问题保持同步，这使得现有大学生网络道德教育内容与实际发展相脱节。

（三）教育形式较为单一

我国历史悠久的道德教育一直以传统的灌输方式为主。然而，在数字技术时代，需要重新思考大学生网络道德教育的教育形式，因为虚拟空间与现实空间存在明显区别，教育形式必须相应调整。大学生网络道德教育不能简单套用传统的灌输模式，而应在以主导型教育内容为基础上，创新教育内容与形式，充分利用新兴数字技术手段，吸引更多学生的参与。然而，当前网络道德教育的教育形式相对单一，缺乏师生互动，强调灌输和管束，导致师生之间的关系单一，未能激发大学生的主动学习意愿，从而削弱了网络道德教育的效果。考虑到"00 后"大学生群体的特点，即思维活跃、兴趣广泛、具有新颖观念且探索欲强烈，教育形式应更加人性化，注重以学生为中心。根据个体需求与兴趣设计教育形式，引入数字技术，运用人工智能、虚拟现实技术、增强现实等现代科技手段，使大学生网络道德教育更加生动积极。可以通过实践模拟项目、情景模拟项目、榜样示范和针对性咨询辅导等方式，借助数字技术，提升教育的吸引力。通过丰富多彩的趣味性的教育形式，改变大学生网络道德教育的现状，提高教育的接受度。

（四）教育载体较为枯燥，运用技术手段的自觉性不高

在教育过程中，教育载体扮演着重要角色，它是传递教育内容和信息的方式，教育

者通过它进行具体的教学活动。在数字技术时代，大学生网络道德教育需要有效的教育载体。现有研究结果表明，目前大学生网络道德教育的载体建设还有很大的发展空间，传统的教育载体过于表面化，无法确保学生的归属感。例如，传统的教学课程和实践活动在使用深度方面仍有不足。传统的教育载体通常只是为一门课程提供支持，而教育者很少深入思考课程之间的联系，是否可以通过跨学科的方式来深入传授大学生网络道德教育，而不仅仅局限于单一课程内容的传递。值得考虑的是深入探索不同课程之间的联系与整合，以实现不同专业课程的协同。当前，数字技术已经成为网络道德教育必不可少的元素，但是目前网络道德教育在数字技术的应用率较低，对数字技术的自觉运用也不够强烈。网络载体已经成为大学生网络道德教育的重要组成部分，但在实际的数字技术应用方面仍存在许多问题。例如，微博、微信等数字化社交网络载体之间缺乏协调，存在重复工作、教育资源呈分散状态等问题。根本原因是新兴技术如大数据、云计算、人工智能等尚未成熟，教育工作者对这些新技术的运用还不够娴熟，未能有效评估大学生在网络空间中的思想和行为。因此，对于新型教育载体的使用还未达到预期目标。

（五）教育合力未发挥作用

教育合力指在特定的教育时间和条件下，通过综合性的教育活动所产生的综合效果。这种效果并不是简单地将教育过程中各个单独的教育元素的作用相加，而是在综合起来后产生化学变化，从而达到更大的教育作用和效果。教育合力通常涉及家庭、学校和社会这三方面的教育力量相互协调、联系和统一，形成以家庭教育为基础、学校教育为主体、社会教育为支持的综合育人力量。这种合力的实现需要整合教育资源，确保不同教育主体的协调一致，共同推进教育过程，以最终实现教育目标。然而，目前的大学生网络道德教育尚未形成良好的教育合力，从而可能影响整体教育效果。首先，学校作为教育主体，内部各部门未能充分协同整合教育、服务和管理等方面的资源。大学生网络道德教育往往只有负责该课程的教师参与，而其他人员未能以不同的方式加入教育中。因此，在数字技术时代，大学生网络道德教育的力量相对分散，导致教育效果受限。其次，三者之间尚未形成有效的联动模式。大学生网络道德教育需要家庭、学校和社会的密切配合，而在数字技术环境下，家庭和社会层面未能积极参与，未能充分掌握数字技术应用平台。学校也未能建立与家庭、社会有效联动的平台，将家庭和社会的教育力量有机地融入数字技术环境下的网络道德教育中。因此，未能形成有助于大学生网络道德教育的积极家庭和社会氛围。此外，学校和家庭之间的沟通交流方式也未能形成合力。家长往往认为学校是管理和培养孩子的重要保障，这可能导致家庭教育的松懈。学校应不断传达正确的教育理念，使家长认识到教育合力的重要性，从而实现理想的教育效果。然而，就当前情况而言，数字技术时代的大学生网络道德教育尚未形成有效的教育合力。

（六）大学生的道德自律性薄弱，教育效果不佳

当人们谈及数字技术时代时，不难注意到它带来了高度全球化的特点。自主性、虚拟性以及参与度的提升，使得现今网络空间与过去相比呈现更加多元的价值观，以及更为错综复杂的数据信息形式。然而，这些新特征也凸显了监管方面的不足。这一新型网络环境为培养大学生的道德自律能力和道德选择提供了理想的育成场所。然而，同样地，这个环境对大学生的道德自律和选择能力提出了更高的要求。当前数字技术时代，大学生在网络空间中的道德选择能力和自律程度不尽如人意。在这个数字技术时代的网络空间中，个人的意志和表达更自由，而外界舆论的监督相对薄弱。这种情形可能导致大学生在道德价值判断方面的能力相对薄弱。更为重要的是，当前的大学生网络道德教育尚未充分利用数字技术手段，从而影响了整体网络空间中道德教育的效果。因此，道德教育工作者必须在保持原有理念的基础上，重新思考如何更好地引导大学生在数字技术时代的网络空间中做出道德选择，进而提升他们的道德自律能力。

（七）网络环境堪忧

数字技术的迅猛发展日新月异，然而数字技术相关的管理规范和道德准则相对滞后。这进一步凸显了数字技术的虚拟性和开放性对其自身生态环境的影响。在数字技术时代，网络空间中的信息传播变得更加广泛，这也导致了信息的泛滥现象。一些不良的数字技术从业人员可能会将西方的道德标准引入算法技术中，并借助大数据和云计算将这些影响传递给目标大学生群体。这种"黑箱算法"操作不可避免地会损害整体网络空间的健康发展，影响大学生对道德价值的准确判断。此外，商业利益驱使下的一些趋势可能会散播虚假信息和不良网站内容，而数字技术的管理规范方面存在缺失，严重影响了大学生合理表达情感和形成主流价值观的能力。数字技术时代的网络空间需要更严格的管理规范，以确保大学生能够保持道德自律并形成正确的道德观念。数字技术时代的网络空间强调人机之间的交流对话，更多地涉及虚拟角色在虚拟网络空间中的互动。与传统的人际交往方式相比，这种互动方式表现出一定的行为变化。虚拟化的语言、符号和场景对网络道德产生了更大的冲击。

第三节　数字技术时代大学生网络道德教育存在的问题及原因分析

数字技术时代下大学生网络道德教育存在一些问题,必须深刻剖析问题产生的根本原因,只有这样才能够打破当前困境,提出有针对性的对策。在数字技术时代,大学生网络道德教育所面临的问题并非孤立的,而是多层面的复杂的问题。这涵盖了高校教育制度和内容、大学生个体素养、网络空间特性,以及有关网络监管法律法规等多个方面。数字技术时代大学生网络道德教育存在的问题主要有以下几点:

一、大学生网络道德教育缺乏针对性

在数字技术时代,尽管大学生网络道德教育取得了一些进展,但当前大学生网络道德教育仍缺乏针对性,无法充分满足大学生的实际需求。当前,大学生网络道德教育缺乏针对性主要有以下几点表现:

（一）学校对于大学生网络道德教育的重视程度有待提升

高校作为专业性的教育机构,在培养大学生的知识、技能和价值观方面具有重要作用。高校对大学生网络道德教育至关重要,它直接决定了教育工作的质量,而高校对数字技术时代大学生网络道德教育重要性的认识程度直接影响网络道德教育过程。

当前,部分高校对大学生进行网络道德教育重视程度不够,这会直接影响到教育各个方面,这是数字技术时代大学生网络道德教育存在问题的一个主要原因。我国传统教育体制以应试教育为主,侧重培养学生的专业知识和学科运用能力,过于关注考试和分数,未能充分重视道德教育,这直接影响了数字技术时代大学生网络道德教育的效果。同时,部分教育从业者对网络道德教育工作的理解不够深入,仅停留在表面,未能认识到网络道德教育的长远影响以及数字技术时代的特征。这种情况忽视了网络道德教育的长期影响,影响了网络道德教育工作的推进力度和资源投入力度,从而影响了大学生网络道德教育的发展。

同时，部分教育从业者仍将网络视为一种教育工具，未能充分认识网络对教育的深刻影响和对大学生道德观念的塑造。对网络认知不足，加之对数字技术了解有限，导致他们忽视了网络的发展趋势，导致影响了大学生网络道德教育的实际效果。为了解决这些问题，高校需要加强对教育从业者的培训，提高他们对数字技术和网络的认识，以更好地教育和引导大学生在数字技术时代中树立正确的网络道德观。

（二）当前大学生网络道德教育模式不适应数字技术的新环境

当前的大学生网络道德教育模式存在着几个问题：社会与学校之间在道德教育问题上存在一定的脱节；现实社会的道德教育与虚拟网络空间的道德教育之间也存在一定的脱节，同时学校、家庭和社会关于网络道德教育的协同也存在脱节。这些学校、家庭、社会和大学生缺乏互动，影响了数字技术时代大学生网络道德教育的效果。其原因之一在于高校未能充分利用数字技术手段建立数字化联动平台，因此家庭、学校、社会以及大学生在网络道德教育过程中未能进行有效协同。数字技术扩展了网络空间的时空范围，广泛地连接了世界各地的人和事物，从而为大学生网络道德教育的传播创造了良好的条件。当前，网络道德教育模式与数字技术的发展尚未充分匹配。同时，大学生网络道德教育的目标和内容与教育形式及社会实际脱节，缺乏根据学生实际需求设定的具体目标，大学生在教学过程中感到乏味，从而产生抵触情绪，导致大学生网络道德教育的吸引力下降和效果欠佳。

为了解决这些问题，高校需要积极探索更有针对性和协同性的网络道德教育模式，充分整合各方资源，营造更有利于大学生全面发展的教育环境。

（三）传统道德教育理念与数字技术时代的网络空间环境不适应

传统的基于教师主导的灌输式道德教育在取得了一些成果，但是面对数字技术时代的网络空间时，传统的道德教育理念与之不协调。同时，数字技术时代下的网络环境与传统道德教育环境之间存在显著差距。传统道德教育理念与数字技术时代的网络空间环境不适应。

网络空间环境更自由和多元，多元化的价值观要求道德教育具备包容性，否则难以与网络环境相适应，导致网络道德教育与学生实际需求相脱节，影响教育效果。数字技术时代的网络空间具有更高的互动性和自主性，相比传统网络空间更为明显。传统道德教育往往忽视学生的主观体验和能动性，但是在当前的网络环境中，学生与教师的角色可以交换，因此重视学生在整个教育过程中的地位对网络道德教育至关重要。

　　当前的道德教育内容与数字技术时代的要求存在相脱节，网络道德教育未能与数字技术时代伦理道德发展同步，仍然使用传统的教育方式和内容，使得网络道德教育与数字技术时代脱节，影响了整体教育效果。为了解决这些问题，高校需要更加积极地推动网络道德教育的现代化发展，将数字技术时代的特点纳入教育内容，从而更好地满足大学生在网络空间中的道德需求。

（四）大学生网络道德教育的内容、方式、途径与数字技术的发展不符

　　数字技术时代的网络空间中，大学生的网络道德教育仍需以社会主义核心价值观为指导，并进行灵活调整以适应不断变化的社会环境。然而，目前大学生网络道德教育的教育内容、教育方式以及教育途径与数字技术发展不符，主要有以下几个方面的体现：

　　第一，在网络道德教育的内容方面，需要吸引大学生的兴趣。网络空间中，大学生网络道德教育涉及网络互动关系。教育主体传递的内容决定了教育客体的范围，教育内容必须具有足够的吸引力，以实现与大学生的互动。然而，当前网络道德教育的内容往往过于空泛和口号化，难以引起大学生的兴趣。这种网络道德教育的内容在海量的网络信息中很容易被忽视，导致大学生参与度不高，无法为他们的网络道德行为提供明确的指导。

　　第二，在大学生网络道德教育的方式方面，过于形式化是一个重要问题。与传统单一的灌输式道德教育不同，大学生网络道德教育需要调动大学生的主观能动性。利用数字技术手段如虚拟现实技术、人工智能等创造出能够吸引大学生的虚拟教学场景，通过大数据精准传递教育内容。然而，由于教育工作者对数字技术的熟练程度有限，往往会忽视大学生个体的差异，导致教育过程过于形式化，无法实现与学生之间的有效互动，从而影响教育效果。

　　第三，在大学生网络道德教育方面，未能充分利用数字技术作为新的教育载体。数字技术可以整合图像、声音、文字和图片等元素，为大学生网络道德教育提供更丰富全面的发展途径。然而，目前的网络道德教育未能充分运用数字技术的新兴手段，导致教育的覆盖范围有限，内容的点击率和关注度不高。这意味着大学生网络道德教育未能发挥数字技术在教育中的潜在优势，无法体现数字技术对于提升教育效果的作用。

（五）大学生网络道德教育缺乏对大学生群体与个体特征的把握

数字技术时代的道德教育更加注重个体的自律。在虚拟的网络空间中，由于特殊的交流环境，个人的道德自律变得尤为重要，逐渐从道德他律的模式向道德自律的模式转变。网络时代的道德更加多元化和开放，整个网络空间容纳了来自全球各地不同的文化、道德意识、道德观念和行为准则。这种多元文化内容不仅带来了碰撞和冲突，同时也可能产生一定的融合。这样的环境对大学生的心理、思想和行为等方面产生了巨大影响，使他们在成长过程中感到困惑。然而，当前大学生网络道德教育主要关注行为规范，忽视了大学生的道德价值观和选择，也忽视了更深层次的道德规范的培养。其原因是教育工作者缺乏对数字技术时代下大学生整体特点的深刻理解。没有对大学生群体特征进行全面把握，可能导致道德教育缺乏针对性。

在虚拟化的网络空间中，作为网络"原住民"的"00后"大学生更加了解虚拟网络空间的特点。虚拟网络空间使他们能够隐藏真实身份，用数字和符号等方式呈现自己。但是，当前的大学生网络道德教育还没有完全对大学生的个性特点进行分类和精准教育。数字时代的变革使得大学生的虚拟生存场域更加多样化，这不仅给大学生的日常学习和生活带来了巨大挑战，也对大学生网络道德教育提出了更高要求。数字技术时代的改革必然会对大学生的学习、生活方式以及道德价值观产生影响，从而导致各种道德问题的出现。如果高校教育工作者不能及时了解大学生在网络空间中的认知情况和个性化需求，就难以正确有效地开展网络道德教育。这导致大学生网络道德教育脱离了大学生群体的需求和个体的差异性需求，使整体教育变得空洞，从而影响了网络道德教育的实效性。

二、网络空间的有关机制不健全

在数字技术时代，网络空间被视为现实社会的延伸，然而其在技术层面上却存在一定的独立性；在道德层面上，现实社会中的道德目标、规范、约束、权利、义务以及实践，在适应数字技术手段时，会产生与数字技术时代相契合的新体系。传统的社会道德体系已经不能完全满足人们在网络空间环境中的情感和心理需求，也无法满足网络空间中的人际沟通和交流的需求。因此，由于网络空间环境与现实社会存在差异，如果不制定相应的管理机制，就可能会出现网络道德失范现象。人们可能会将现实社会中存在的不良道德现象带入网络空间。因此，在数字技术时代下，需要不断加强网络空间的管理机制，以对大学生在网络空间中的思想和行为进行适当的约束。

（一）网络空间本质特征较为复杂

在数字技术时代，网络空间呈现出复杂多样的特征，这些特征深刻影响着大学生的网络道德教育。现代网络空间的虚拟性、即时性、互动性、多元性、开放性和流动性等特征，赋予了网络更加突出的属性。这加大了网络空间身份隐蔽性所带来的风险，如果缺乏完善的道德框架和有效的管理机制，就会引发不同道德价值之间的冲突，从而加剧大学生网络道德失范。网络空间中的主体身份以数字化和符号化的形式呈现，取代了主体现实身份，这使个体得以在虚拟网络环境中自由交往。然而，这种宽松自由的环境也削弱了网络中道德规范对行为的约束力，阻碍了网络道德教育的开展。此外，网络中主体身份隐匿在数字与符号后面，这使得对网络行为的监管变得更加困难，加大了实时行为追溯的难度。网络内容的娱乐化特点逐渐削弱了价值观念，导致一些大学生信仰迷茫，思想与行为脱节，甚至引发了道德混乱。随着大数据、云计算、物联网等数字技术的普及，网络空间的"圈层化"现象日益突出。大学生更注重在网络空间展现个性和满足需求，群体间的隔阂不断加深，使他们陷入"信息茧房"，从而增加了网络道德失范的风险。

（二）网络空间的管理机制不健全

在数字技术时代，网络空间的管理机制仍然不健全。随着数字技术的飞速发展，网络空间管理机制未能紧跟时代步伐，导致在一定程度上落后于时代发展，从而引发一系列网络道德问题。当代大学生能利用网络工具和数字技术，在虚拟世界中分享个人观点，通过文字、图片、视频等媒介与他人互动。然而，这种自主性的行为缺乏前期审查与后期监管，可能带来严重的后果。大学生缺乏道德自律意识，不仅对网络空间，还对实际社会造成潜在危险。当前我国网络空间管理机制尚不完善，相关监管体系存在不足，政府的监管力度不够，这导致数字技术应用的管理落后，发展与监管之间失衡。这些问题共同影响和制约着数字技术时代大学生网络道德教育。

（三）大学生网络道德教育的评价机制不健全

在数字技术时代，现有的网络道德教育评价体系通常由教育机构使用德育评估的方式实施，然而传统的网络道德评价机制存在一些问题，影响了评价的效果。当前网络道德教育评价仅在教育机构层面反映其评价标准，但家庭和社会层面的参与相对较少。换言之，社会网络文化传播与构建、家庭道德引导等方面缺乏系统的评价标准。这可能导致家庭教育与学校教育之间出现脱节现象。这些情况可能影响大学生网络道德教育的预期效果。目前的网络道德评价机制与实际德育机制存在一定脱节，二者尚未被视为一个整体进行全面考量。往往将虚拟空间视为实际生活的次要组成部分，未能充分重视其重要性，也未能充分认识到实际空间道德教育与虚拟空间道德教育之间的差异，这导致了网络道德评价机制的不健全。当前网络道德教育评价体系中的评价指标和方法缺乏科学依据，操作性较低。整体评价内容和层次相对于数字技术使网络道德教育过于单一，可能使大学生网络道德教育评价机制的有效性受到挑战。

（四）网络法律法规建设相对滞后

当前数字技术的迅猛发展，但网络空间相关的法律法规还不完善。尽管我国已制定并颁布了一系列网络管理法律法规和制度性文件，逐步推进网络法治进程，这些法规在一定程度上能规范大学生在网络中的行为，但法律法规的制定与技术的发展总会存在一定的时间差。面对数字技术的飞速进步，我国相关部门正积极努力地制定相关法律法规，以规范大学生的网络行为，营造健康的网络环境。然而，我国现有网络法规尚不完善，无法有效治理网络空间的不良行为。立法速度落后于科技发展，出台的法律法规还不能完全适应当下情况。数字技术赋予人们在网络空间隐匿身份的能力，这给法律法规的执行带来困难，也增加了具体执行的难度。这导致人们在网络活动中抱有侥幸心理，网络法律意识淡薄。数字技术时代使网络空间的地域限制消失，但法律仍然以国家为限。这造成网络法律法规仅在本国适用，网络空间监管存在法律空白，从而加剧了大学生网络失范行为。

三、大学生的道德认知与道德行为相脱节

大学生群体表现出强烈的好奇心和求知欲，具有充沛的活力和充满朝气，以及丰富细腻的情感。他们对新事物持开放的态度，易于接受新事物并追求个性化，他们是中国特色社会主义事业的建设者和接班人。在开放的网络空间中，大学生能自由发表言论。然而，由于网络空间的虚拟性和隐匿性，许多大学生往往忽视个人言行是否符合道德规范。当前网络空间缺乏系统完善的监管机制，而大学生不符合道德标准的行为可能扰乱

网络空间的正常秩序。由于大学生的知识体系尚未完全建立，其判断是非对错的能力有待提升，因此很容易在网络空间中迷失，个人的道德认知与道德行为可能出现脱节。具体有以下几点表现：

（一）现实道德教育的根基不牢

人们所讨论的数字技术时代大学生网络道德问题以及网络道德教育问题，实际上与现实中的道德教育紧密相连。大学生作为现实世界的一个重要群体，大部分时间在现实社会中生活与学习，与现实中的人建立社会关系。绝大部分大学生基本的思想道德素养较高，这得益于优质的高等教育和多元文化知识的培养，以及正确道德价值观的确立。但处于复杂社会环境中的大学生，也可能受到各种实际问题的影响，在道德标准方面产生疑惑。这种情况实际上是社会问题在大学生群体中的反映。大学生的道德水平下降和道德行为失范问题都可以在现实社会中找到根源。尽管数字技术赋予了网络空间更多的可能性，也使大学生的交往更多元化，但作为在现实生活中的人仍无法完全脱离实际生活，仍受社会影响。因此，网络道德问题仍与现实道德问题相互联系，而网络道德教育的核心在于进行现实道德教育，两者不可分割，又有所不同。数字技术时代大学生网络道德教育问题，需要从大学生自身出发，找到问题的内在原因。当前，绝大多数大学生属于"00后"，也可以被称为网络"原住民"，他们个性鲜明，渴望展现自我。在数字化技术提供的多元网络空间中，大学生可以充分发挥主观能动性，自由表达自己的观点。然而，如果学生的道德观念不正，就会引发网络道德失范。

（二）网络道德教育队伍的建设不到位

在数字技术时代，大学生网络道德教育必须与社会的发展趋势相呼应。然而，目前一些高校教育工作者对大学生网络道德教育的认识仍停留在表面，缺乏对大学生网络道德教育的重要性的深刻认识，并未通过深入研究找到网络道德教育的核心内容和创新形式。有些教育工作者只重视眼前的知识传授，忽视了大学生网络道德教育的长远影响，导致网络道德教育工作显得肤浅而形式化。面对网络道德问题时，部分教育工作者往往采取简单粗暴的处理方式，未深入了解问题本质和根源，因此难以从根本上解决问题。此外，高校在网络道德教育方面的保障机制不完善，影响了教育过程的有效展开，导致教育工作者的积极性和责任感不强，进而影响到大学生网络道德教育的持续发展。教育工作者未能跟上时代的步伐，没有适应数字化对教育的影响。他们通常仅将网络视为一种工具，而未深刻理解网络道德教育的深远意义。网络道德教育常停留在理论层面，但缺乏实际的网络道德实践经验，对具体案例缺乏深入的分析，从而使得实际的大学生网络道德教育显得表面化。教育工作者自身在网络道德教育方面的能力不足，只能依赖制度方面的规定，未能将网络道德教育内容提升到更深层次的理论高度，从而导致实际网络道德无法达到预期效果。此外，目前大学生网络道德教育队伍的数字化意识薄弱，对数字技术的掌握不足，以及对数字技术应用能力不高，使得他们对数字技术时代大学生网络道德教育的重要性缺乏足够的重视。

第四章　数字技术时代大学生网络道德教育创新的
总体思路

　　数字技术的快速发展深刻影响了大学生网络道德教育,这就需要将大学生网络道德教育与数字技术带来的变革相结合,创新网络道德教育方法,以适应新时代的需求。在新时代,教育工作者需要积极面对可能出现的新问题,并通过深入分析,找到科学的解决方法,这是推动大学生网络道德教育顺利进行的关键。基于现实教育中的问题,构建数字技术时代大学生网络道德教育创新的总体思路,成为推动大学生网络道德教育发展的重要措施。在这个总体思路中,指导理念是创新大学生网络道德教育的基础,其主要目标是确定网络道德教育的方向,基本原则是革新网络道德教育的准则,而根本任务则是创新网络道德教育的主要内容。

第一节　数字技术时代大学生网络道德教育创新的指导理念

　　在数字技术时代,社会的不断进步和科技的迅猛发展,将传统的道德规范引入了虚拟的网络空间中的生存环境。在这虚拟空间中,人们在网络活动中应遵循的道德行为准则,培养了人们在网络空间中所需的网络道德观念。世界观、人生观、价值观需要通过宣传、教育等手段被教育对象所接受,然后内化为其内心的信念,从而培养个人良好的道德素养。因此,明确大学生网络道德教育创新的指导思想,在具体的教育实践中具有重要意义。

一、坚持以社会主义核心价值观为主导，弘扬中华优秀传统文化的理念

数字技术的急速发展促使全球范围内不同国家和领域之间的互动更加频繁，这种文化间的国际交流、社会内部信息化的升级，以及个人发展需求的增强，都是新时代所面临的挑战。在这个新的背景下，大学生网络道德教育需要正确处理数字技术环境中多种文化交流，充分发挥社会主义核心价值观的引领作用，满足个人独特发展的需求，协调我国传统文化与多元文化的关系，应对多样化社会发展的挑战。在坚持以社会主义核心价值观为引导的前提下，大学生网络道德教育应该融合多元发展理念，这是当前数字技术时代下不可或缺的选择。

（一）始终坚持社会主义核心价值观

数字技术时代的全球化与信息化进程加快，推动着当代社会全面发展。在这个时代背景下，网络空间成为多元价值观和多元文化碰撞的舞台，西方文化思想和道德观念对我国主流道德观念的影响和渗透引起了人们的关注。网络空间的自由、虚拟和个性特点愈发凸显，然而在监管还不完善的情况下，大学生很可能对多元价值观感到困惑，对道德观念感到迷茫。因此，在这一背景下，强化社会主义核心价值观在网络空间中的主导地位至关重要。大学生网络道德教育始终以马克思主义为指导，坚持中国特色社会主义共同理想，以爱国主义为核心的民族精神和以改革开放为核心的时代精神作为方向，坚持社会主义核心价值观的思想指引。尽管网络监管的管理制度还不完善，但在这样的环境中加强对大学生的网络道德教育尤为关键。由于网络环境的独特性，大学生在其中具有一定的隐私性，这更加凸显了以社会主义核心价值观为导向来引领数字技术时代网络空间发展的必要性，也突显了大学生网络道德教育的现实迫切性。

（二）始终坚持弘扬中华优秀传统文化

数字技术时代的新兴技术对网络空间产生了深远的影响，也给我国传统道德观念带来了巨大的挑战。数字技术的发展促进了跨越时空的人际交流，对我国传统伦理道德观念中的公德与私德的界限提出了挑战。传统的伦理道德观念根植于传统社会，人们交往范围有限，主要发生在熟人之间。然而，数字技术时代突破了原有的网络时制，使人们

在网络交往中更具隐蔽性。数字技术以符号和数字取代了人的实体，人们在网络空间中交流时常隐藏在这些符号背后，这给道德教育带来了一定困难。数字技术时代改变了传统社会的方向，给经济、文化等领域带来深刻影响。它彻底颠覆了传统的等级结构，创造了更开放、平等的网络环境。这种去中心化、全球化的特征，冲击了传统伦理道德观念，促进了道德观念的多元化。在这个背景下，人们应正视我国传统道德观念，传承其中的精华。面对道德教育的重要议题，人们需要在传承我国传统道德的基础上，有针对性地吸纳其他优秀的道德观念。数字技术时代的特点促使人们创新发展我国的道德观念和道德教育，以适应社会发展的需求。

数字技术时代的大学生网络道德教育，扎根于中国传统道德思想，需要通过深入的梳理和分析，"取其精华，去其糟粕"，实现对传统道德的创新性继承。随着社会的变革，道德观念应该与时俱进，不断反思和批判，以推动其进一步发展。尽管数字化时代的虚拟网络空间受到西方思想的影响，但其发展的每一个阶段都不能忽视传统思想。创新的发展必须建立在本国传统文化之上，既要舍弃陈旧观念，也要适度吸收先进文化。因此，数字技术时代下的网络道德教育仍应以社会主义核心价值观为指引。在这个背景下，不同发展阶段需要不同层次的道德教育，并以社会主义核心价值观为终极目标。爱国主义和集体主义作为主要特点应在新网络发展空间中得到坚持，引导大学生在数字化网络空间中树立正确的价值观。在数字技术时代的发展中，人们应追求公平、平等、自由，尊重个体的需求，科学地继承传统文化，借鉴西方先进文化，以此促进道德教育的创新。通过数字技术传播，解决网络空间中的道德教育问题。

二、坚持网络道德教育的价值取向与社会整体道德发展相一致的理念

从理论上来说，道德能否被社会接受和认可，关键在于它能否反映社会道德关系的本质，是否符合社会发展的必然性，但是这种道德究竟能够在何种范围和程度上为人们所接受，却取决于它的传播程度，取决于道德教育实施的好坏。道德教育活动要能够在现实社会中培养人们优良的道德素质，良好的理性信念，通过教育活动逐渐调节人的行为，能够营造出良好健康的社会风气。道德教育不能抽离于现实社会的实际需要，道德教育的成果决定了整体社会道德的发展方向。数字技术时代促进了我国社会的发展，也

必然影响我国社会伦理道德的演进,数字技术时代下的网络道德教育的创新工作需要坚持的是网络道德教育的总体价值取向与社会道德的整体发展方向相一致,并且要顺应数字技术时代下我国社会道德不断向现代化发展的趋势,要重视大学生网络道德教育的过程。

数字技术的快速发展推动了现代社会的信息化变革,对我国社会的现代化进程起到了重要的推动作用。现代化的发展不仅仅局限于物质层面,它在社会制度、文化传承等多个方面都产生了深远影响。其中,精神层面是现代化进程中最需要关注的方面,它涉及内涵式发展,对现代社会的发展至关重要。在数字技术时代,个人的道德发展成为现代社会发展的核心,也是实现社会价值的重要手段之一。社会的现代化发展要求道德教育内容与社会变革相适应,并与现代化的人格内涵相匹配。道德观念作为社会观念,势必会随着社会变革而发生变化,这可能是自发的、无法控制的发展方向,也可能是为了适应社会利益关系的有意识改变。不论是自主变革还是被动调整,都是社会进步与发展的需求。在我国,发展进程也受到科技发展的推动,社会的变革改变了人们的生活方式和思维方式。然而,传统伦理道德多是在封闭环境中形成的,社会变革必然对这种思想观念产生冲击,引发时代与传统之间的深刻矛盾。尽管新旧事物的矛盾在发展过程中存在,但我国现代化进程中各个社会领域的发展受传统道德观念的影响,并对新的发展范式产生一定影响。道德观念作为精神层面的自觉行为,作为意识形态的内容,受到社会实际发展趋势和具体变革的影响。作为意识形态领域的内容,道德观念代表社会主流道德。社会的变化与变迁对思想观念和精神文化的发展过程产生重要影响。由此可见,社会发展在道德发展中起到引领作用,而社会道德发展对道德教育具有指导作用。只有将道德教育的价值内容与社会道德发展相协调,才能真正激发社会主体的道德自觉性,推动社会道德朝着理想方向发展。

网络道德教育旨在引导网络空间中的个体在道德情感、道德认知、道德意志和道德行为等方面不断提升,最终形成符合社会发展需求的道德观念。其主要目标是培养作为中国特色社会主义事业建设者和接班人的大学生这一特定受众群体,使其能够在社会环境中全面而自由地发展。这种发展理念承袭自马克思、恩格斯所强调的人的全面自由发展,即在现实社会中的各个方面都能获得全面、自由的发展。

在数字技术飞速发展的时代,大学生网络道德教育显得尤为重要。网络虚拟空间已成为大学生活动的重要领域,允许他们在其中充分实现个体自由和独立。网络道德教育的核心价值在于推动社会道德的前进。通过合适的教育手段、内容和方法,网络道德教育应在大学生心理需求的基础上进行,逐步将社会发展所需的道德准则融入大学生所处的网络环境中。通过隐性的道德教育,逐渐加强大学生在网络空间中的正确道德取向,使大学生提升网络道德素养,真正地将符合社会发展需求的道德标准内化为心态,外化为行为。这将实现大学生的全面而自由的发展,进而推动整体社会道德发展方向的提升。

三、坚持合力育人的整体理念

在推进大学生网络道德教育时,教育工作者应充分发挥整体育人的合力作用,将现实教育场域与虚拟教育场域作为紧密联系的整体,以共同治理的方式推动道德教育的有效展开。在这一过程中,教育工作者应实现家庭、学校和社会三个方面的协同配合,将虚拟网络空间与现实社会场域有机结合,构建数字技术时代大学生整体网络道德教育体系。

(一)坚持家庭、学校、社会教育与虚拟网络空间的道德教育相结合

在数字技术时代,道德教育需要各教育主体紧密协作,发挥整体合力作用。多维的教育主体的联合行动能够汇聚更大的育人力量,有效整合多个主体的力量比单一主体的努力更具协同效应。因此,在面对大学生网络道德教育时,应将传统单一的学校教育模式转变为家庭、学校和社会三个方面的协同配合,同时融合网络虚拟空间的道德教育,构建数字技术时代下的整体网络道德教育体系。随着数字技术的快速发展,道德教育已不再局限于学校环境,而是需借助多方合作来实现。大学生网络道德教育需要超越传统的封闭式模式,融入更开放的网络空间。这意味着要通过社会各层面的合作,将道德教育的内容和方法融入家庭、社会以及网络虚拟空间中,使整体的道德教育更加融合、协调。这样的整合方式与以往的传统教育模式有所不同,这正是数字技术时代所需要的。

在数字技术时代,大学生网络道德教育的重要性更加凸显。当前,网络虚拟空间已成为大学生活中的重要领域。因此,网络道德教育的目标是推动社会道德的发展,通过隐性的教育手段,结合当代大学生的心理需求,将符合社会发展需求的道德教育内容融入网络环境中。这不仅需要学校的参与,还需要家庭、社会以及虚拟网络空间的共同努力。如果网络道德教育无法与时代发展相协调,道德问题将愈发突出,影响整体社会的进步。网络道德教育的整体育人的理念将有助于构建更为协调和适应时代的道德教育体

系，从而推动整体社会道德水平的提升。

（二）坚持现实空间的道德教育与虚拟网络空间的道德教育的有机结合

当今的网络虚拟空间正因大数据、云计算、人工智能、虚拟现实技术、5G技术、物联网、区块链等数字技术的发展而呈现出更为多元的时空效应，其突破了传统的物理空间界限，引领社会变革。然而，在这多维度的虚拟空间环境中，网络道德教育工作者需要思考创新教育模式，不能简单将现实世界的道德教育模式移入虚拟网络空间，应对教育者、环境、媒介和受教育者等多个方面进行全面思考，以实现网络空间的道德教育的真正有效。

在数字技术时代，虽然网络虚拟空间呈现出多样的模式，但人们需要思考在这一环境下如何进行道德教育。传统的道德教育内容并不可随意迁移，而应以此为基础，适应数字时代的变革，从多角度进行科学的改进，以在网络虚拟空间中实现实效的道德教育。但是，这并不意味着完全摒弃传统道德教育，而应在整合中有所改变。数字技术时代创造了虚拟网络空间，努力使其更贴近实际生活，为教育者寻找和解决道德问题提供了新的方向。在虚拟空间中，人们需要坚持道德标准，认识到虚拟交往同样需要道德规范的约束，以推动虚拟空间的发展，使大学生能够在这个环境中培养正确的道德观念。

数字技术的迅猛发展在社会和个人行为中产生了深远影响，这给虚拟空间的道德教育带来了巨大挑战，因此人们需要不断提升现实空间的道德教育，使其能够适应数字技术时代的发展，有效指导虚拟空间的道德教育。通过现实空间与虚拟网络空间的有机结合，可以促进大学生网络道德教育的发展，进一步推动网络道德教育在目标、内容、方法、手段和效果等各个方面的全面提升。

四、坚持网络道德教育与数字技术特征相一致的理念

道德教育的有效性直接与其目标的实现程度相联系。鉴于数字技术的特点与发展趋势，它为网络道德教育的创新提供了机遇，特别是在促使大学生将道德观念内化的过程。在大学生网络道德教育中，必须确保教育目标、内容、方式、方法以及途径与数字技术的特征和发展规律相一致，以确保提高大学生网络道德教育的实际效果。

道德教育的效果主要体现在三个层面。第一，教育者需确保教育信息的传递能够引

发受教育者在认知层面的认同与变化，这是道德教育的外显表现。第二，在受教育者完全吸纳教育信息后，内心产生变化，实现道德观念的内化，这是内在层面的显现。第三，通过受教育者内心接受与心理特质改变，这些变化逐渐体现在个人言行上，构成了行动层面的表现。这三个层面构成了道德教育的全过程。在不同教育阶段，通过逐渐深化的教育内容，让受教育者由浅入深地掌握知识信息，实现内化于心外化于行的效果。

数字技术的特点，如高度自主性、共享性、个性化和高参与度，通过文字、图片、影像等媒介向受教育者传递丰富的信息知识。这丰富了道德教育的传播形式，能够以新颖的方式促使受教育者接受。通过将受教育者喜爱的教学形式与教育载体相结合，数字技术扩展了道德教育的媒介，增强了受教育者对网络道德教育的兴趣。

虚拟空间的道德教育与现实空间的道德教育存在相通性，大学生在虚拟空间中培养的道德理念对现实生活也产生巨大影响。因此，数字技术的新特征为网络道德教育提供了良好契机。

在新兴技术的持续发展下，大学生网络道德教育不断创新，充分利用数字技术的特点来提升教育效果。这意味着根据新技术手段创新教育内容、方法和方式，以实现更优质的网络道德教育。在数字技术时代的网络空间中，网络道德教育需要明确标准，并制定适应时代发展的网络道德教育标准。通过数字化的手段，将教育过程转化为数字形式，以提高大学生网络道德教育的效果。这种标准需要具备规范性和价值性，通过教育标准，对网络空间中的信息传播和行为规范进行评价。同时，这些标准还能够有效地过滤和筛选信息，去除不符合道德规范的内容，将符合道德价值标准的内容通过数字化手段传递给受教育者。

在数字技术时代，任何人都可能成为网络空间中信息的传播者，导致网络空间充满多样性。然而，由于网络空间的特殊性，网络道德标准有时可能会弱化。数字技术的发展使得网络空间的信息繁杂，因此需要利用大数据技术将主流道德价值观有针对性地传达给受众。为了达到这一目标，数字化手段与道德标准需要相互配合，通过数字影像等方式将教育内容数字化。同时，可以运用人工智能、虚拟现实等技术手段来还原和再现教育内容，从而提升大学生网络道德教育的吸引力和感染力。新兴技术如大数据和云计算为大学生网络道德教育提供了重要的工具和平台。通过数字技术平台的发展，大学生网络道德教育可以利用"云计算"和大数据的手段，收集大学生的基本数据信息，然后通过科学分析和比对，进行标签和分群。这能够有针对性地向大学生传递网络道德教育的具体内容。这些内容基于传统道德教育理论，结合数字技术的发展新特征，以适应数字技术时代网络道德教育的需求。通过这种方式，传统道德教育模式得以拓展，并且具备了数字技术时代的发展特点，提升了大学生网络道德教育的效果。

在数字技术的运用中，应以学生为中心，通过实际数据的收集和分析，提供符合当代大学生思想和行为需求的道德教育方法。这需要根据不同受教育群体的需求，提供不同的网络道德教育内容，从而解决各种网络道德问题。新兴技术手段还具有隐匿性的特征，能够通过有针对性且隐匿的教育内容，消除大学生的抵触心理。通过他们喜闻乐见的方式，满足他们真实的内心需求，传达有益的教育内容，从而实现数字技术时代下大学生网络道德教育的目标。数字技术创造的个性化网络空间，为多样化的网络道德教育提供了充分条件，能够满足不同群体的需求。个性化网络道德教育是创新发展的核心价值，也区别于传统网络道德教育的发展，真正关注个体的内心需求，充分满足其需求。在数字技术时代，网络道德教育方法促进了大学生个体价值和需求的充实，通过网络道德教育实现大学生个性的充分发展。

第二节　数字技术时代大学生网络道德教育创新的主要目标与基本原则

数字技术的蓬勃发展实现了全球更深层次的交互，也赋予了人类前所未有的自由。然而，在个人主体性充分实现的同时，也需要加强其社会责任意识。不同国家在文化、经济、政治、教育等领域存在差异。教育工作者确保大学生在数字化网络空间中享受自由的同时，能充分认识到个人网络行为的责任，这是促进大学生网络道德教育发展的基本要求。因此，在快速发展的数字技术时代，其任务是培养大学生具备足够的数字素养，使他们能够辨别信息的准确性，了解网络安全、隐私权法律、计算机伦理道德等方面的知识；能够在网络空间中自我判断道德价值。我国网络道德教育的目标是培养合格的社会主义建设者和接班人，虽然网络道德教育与传统道德教育在环境上存在差异，但其总体目标仍保持一致。

一、数字技术时代大学生网络道德教育创新的主要目标

（一）明大德

"明大德"是国家层面的道德教育目标。自古以来"大德"在我国有着广泛的含义，其中包括了高尚的品德和行为规范。在数字技术时代的发展下，人们应开阔自己的视野，通过放眼世界，加深对国家的热爱，对国家和民生的关切。"明大德"要求每个人明确数字技术时代对国家发展的需求。数字化发展使网络空间不再只是信息传递的工具，更是各种思想、文化、历史和道德的集合，不同的道德标准和思想体系在此碰撞，对主流道德价值提出挑战。数字技术的匿名性也使其对传统网络环境产生更强烈的影响，这可能导致一些不良思想在网络中滋生，对大学生的思想产生影响，甚至对我国政治、经济、文化和教育等方面的安全造成冲击。面对数字技术时代的网络环境，大学生网络道德教育任务重大。在网络环境中，实现大学生网络道德教育的"明大德"目标，需要引导学生坚定马克思主义思想，坚持社会主义道路，增强"四个意识"、坚定"四个自信"、做到"两个维护"。高校教育工作者需要引导当代大学生在数字技术时代的网络空间中，在面对大是大非问题时，能够抵制各种诱惑，坚定立场，怀揣理想，承担时代使命，为网络安全提供个人力量。

（二）守公德

守公德是社会层面的道德教育目标。公德是指存在于社会群体中间的道德，是生活于社会中的人们为了群体的利益而约定俗成的人们应该做什么和不应该做什么的行为规范。公德与"私德"相对应。公德涵盖了在社会公共生活中需要遵守的道德规范，以及社会群体交往中需要具备的道德标准。通过制定相关的公共生活和社会交往中的道德规范，维护社会公共生活的有序发展，保护社会群体在社会环境中的利益。虚拟网络空间为人们提供了自由表达对社会热点问题看法的平台，突破了时间和空间的限制。然而，由于网络表达的个性化和监管的相对滞后，虚拟空间中存在一些不符合道德规范的内容，如低俗、虚假信息、谣言、诈骗等信息。在数字技术时代，守公德要求推广正确道德价值观，以确保虚拟网络空间的健康发展，维护其内部秩序。大学生网络道德教育目标中的守公德的要求，即在数字化网络空间中要求大学生严格遵守道德准则和行为规范，积极维护网络秩序，促进网络的良性发展，营造积极氛围。在数字技术影响下，大学生需

要理性辨析善恶，理性表达正面观点，传播积极思想。大学生网络道德教育的目标是通过引导，使他们能够在数字化时代指引网络空间的积极方向，弘扬主旋律。这需要大学生坚守道德底线，通过个人行为引领网络空间的道德标准。

（三）严私德

严私德是个人层面的道德教育目标。我国传统道德观强调了"私德"的重要性，这涉及个人内心修养的要求。克己奉公、致良知等传统理念都体现了这一要求。在数字技术时代，私德在网络空间中更多地关注个人的实际需求和内心需要。与公德存在于不同社会领域的要求相比，"私德"注重个体的内心，旨在达到个人思想和行为的自觉性。然而，在数字技术时代大学生网络道德教育中，虽然根据个人内心的个性化需求进行引导，但更重要的是将私德与大德、公德的目标结合起来。这涉及不同群体在虚拟网络空间中的不同利益需求，重点在于培养大学生能够严格遵守网络道德规范，约束个人的行为和思想，以良好的言行引领网络空间的道德风尚。在这样的教育目标下，私德的培养更多的是指导大学生在日常网络学习和交往中始终保持内省和自律。大学生应坚定正确的道德信念，通过严格的自我要求提升个人的道德思想，并身体力行实践与传播，营造更加正向的网络道德价值氛围。

二、数字技术时代大学生网络道德教育创新的基本原则

在数字技术时代，网络空间已经成为大学生生活和学习中重要的领域。在虚拟的网络空间中，人们常常被数字化或符号化所代替，网络空间具有一定的匿名性。因此，网络教育领域的具体道德教育模式、运行方式和评价机制等方面与现实社会存在一定差异。大学生网络道德教育在数字技术时代需要立足于我国的具体国情，以马克思主义为指导，依托我国优秀的传统文化，借鉴国外优秀的文化，寻求符合当前社会发展需求和大学生个体需求的网络道德教育基本原则，形成共同推动大学生网络道德教育长远发展的力量。

（一）主导性原则

在数字技术时代，大学生网络道德教育需要坚持的主导性原则是坚持维护国家利益、坚持社会主义主流文化和坚持社会主义核心价值体系。

1. 坚持以维护国家利益为主导

在数字技术时代，大学生网络道德教育必须坚持中国共产党的领导，以维护国家利益为主导，并始终坚持社会主义发展的根本方向，这是数字技术时代大学生网络道德教育的重要遵循。在数字技术时代，大学生必须抵制所有损害国家利益的行为。只有坚持主导思想的引领，人们才能在各种大是大非问题上保持坚定的立场，不迷失方向。同时，在创新大学生网络道德教育的过程中，高校教育工作者需要与时俱进。网络道德是随着网络空间的不断发展而形成的一种道德形式，它受到现实社会发展的影响，呈现出新的特点和时代内涵。人们需要以维护国家利益为主导，吸取传统教育思想的优秀部分，借鉴西方文化中的有益成分。同时，结合数字技术时代下大学生的成长规律，探索出符合当前网络道德教育需求的科学合理的教育模式。在网络道德教育创新中，人们要坚持马克思主义中国化的理论思想，全面武装大学生的思想，确保他们在面对重要问题时能够坚持正确的方向，树立正确的马克思主义世界观，确保网络道德教育与国家要求保持高度一致。社会主义道德教育应与国家的发展目标相一致，以马克思主义为指导，坚定社会主义核心价值观，这是数字技术时代大学生网络道德教育的指导思想。我国在发展过程中逐步找到了适合自身发展的道路和方针，大学生网络道德教育需要在此基础上坚决维护国家利益，结合新时代的发展不断更新道德教育内容，使其紧跟时代发展的步伐。通过大学生网络道德教育，培养大学生能够明确应对数字技术时代网络道德问题的能力，以我国的道德规范为标准进行理性分析和处理。因此，大学生网络道德始终将国家利益置于首位，坚持主流道德思想的导向，积极发展网络空间的道德规范，用主流道德观念引导大学生在网络空间树立正确的道德观念。

2. 坚持以社会主义主流文化为主导

在数字技术时代，文化对个人和民族的成长与发展起着重要作用。无地域限制的网络使得文化间的碰撞更加明显，网络空间的多极化发展也凸显了文化的重要性。数字技术的快速发展已经带领世界进入了变革时期，网络空间已经成为一个多元化的领域。我国的道德教育以马克思主义思想为主导，面对网络空间的复杂形势，在确保现实社会和虚拟网络空间发展方向一致的基础上，需要积极发展社会主义先进的主流网络文化思想。通过深化文化体制改革，不断增强文化软实力，真正实现社会主义文化强国战略。网络空间应将马克思主义思想和中华优秀传统文化相融合，创造符合国家主流文化导向的网络空间文化。要坚持以人为本的文化发展，坚守社会主义核心价值体系，创造适应数字技术时代发展的网络空间文化内容。文化实力决定一个国家的国际地位，在当前多元文化交织的数字化时代，大学生网络道德教育必须坚持社会主义主流文化的主导地位。在这个基础上，有针对性地吸收其他文化中积极的方面，确保网络空间的文化能够适应数字技术时代的发展，并与社会主义主流文化相一致。

3.坚持以社会主义核心价值体系为主导

在数字技术时代，网络空间充斥着不同的价值观，它们在内容、导向和层次上各不相同。这些价值观对我国社会主义核心价值观产生了强烈冲击，也影响了大学生的网络道德。社会主义核心价值观包含了道德准则、精神理想和社会思想等方面的价值认同，代表了社会主义的富强民主、文明和谐的发展方向。在网络空间中，它为大学生的道德选择、价值观方向和思想行为提供了基本规范准则。在数字技术时代网络空间中，面对多元化的价值取向，大学生需要坚持以社会主义核心价值体系作为网络空间道德教育的主导思想。这一价值体系为道德教育提供了明确的方向，内容丰富，为大学生网络道德教育提供了动力。大学生在网络空间中拥有更大的自主权和自由行动能力，但同时也需要注意，网络空间并不是"法外之地"。因此，大学生网络道德教育需要以作为现实人的大学生为基础，观察和分析大学生群体差异，从数字技术时代的现实出发，整合大学生群体的价值观表达方式，寻求适合大学生内心需求和接受的道德教育方式。同时，要明确社会主义核心价值体系在网络空间中的重要性和主导地位，理解主导价值思想与多元化价值思想之间的关系，并能够将个人道德理想与社会发展需求有机结合起来。

（二）以人为本的主体性原则

在数字技术时代，大学生的精神需求和内在真实需求日益凸显。大学生网络道德教育必须与时俱进，坚持以学生为中心，遵循个体成长的规律，秉持人本教育理念，以满足学生需求和以促进全面发展为目标。在数字技术时代，大学生网络道德教育仍然是以人为核心进行的实践活动，因此应关注学生需求与愿望，在教育过程中注重人文关怀和道德情感，以激发个体的积极性和主动性。只有发挥大学生创造性能力，教育才能真正达到目的。在大学生进行网络道德教育时，应坚持教育过程的主体性、针对性和以人为本的特征。主体性原则要求将大学生的思想需求与内心需要融入网络道德教育，尊重学生选择，积极引导，保持教育者与学生之间的平等相处。当前的网络环境给大学生带来了前所未有的挑战，网络虚拟空间中充斥着各种信息，真实与虚假需要仔细辨析。这给大学生的思想发展带来了困惑，也对其行为产生影响。因此，大学生网络道德教育必须坚守社会主义主导性地位,结合数字技术时代下大学生的思想状态和现实社会与网络空间的特点，有针对性地设计教育内容，才能取得成效。大学生网络道德教育的对象仍然是现实中存在的人，不能简单地用符号或数字代替其作为个体的特性，数字化技术也不仅仅是工具。因此，大学生网络道德教育应真正贴近学生的学习生活，立足学生需求，不断优化和升级。它始终要坚持以人为本的理念，遵循大学生思想和行为发展的规律和特点，避免外界的干扰，以实现教育目标。

（三）包容多样发展的原则

大学生网络道德教育的根本任务和出发点是立德树人，旨在培养德智体美劳全面发展的社会主义建设者和接班人。在推进数字技术时代下的大学生网络道德教育工作中，要坚持党的全面领导，确保道德思想的正确价值取向。各个要素、环节和方面的网络道德教育始终坚持马克思主义的基本立场，反映社会的主流思想，培养符合新时代要求的具备较高道德素质的大学生。坚持包容多样发展的原则具体有以下几个方面：

1.坚持共性与个性的协调

在数字技术时代的大学生网络道德教育，教育工作者必须牢记道德教育的对象是人，而教育环境本身也面临着巨大的挑战。面对学生之间的差异，教育工作者需要认真思考如何从实际出发，全面了解大学生的整体情况和个体差异，以提高道德教育的实效性。大学生的共性和个性是辩证统一的关系，在矛盾中促进事物的发展。因此，在开展数字技术时代大学生网络道德教育时，需要掌握学生群体在网络空间中呈现出的共同特征，如心理状况、思想情况、行为方式和实际需求等方面。通过对共性特征的把握，广泛开展相应的教育工作，以确保网络道德教育的覆盖面，最大限度地扩大其影响力。同时，针对学生的个性特征，需要进行具体分析，并充分利用数字技术手段，如大数据和云计算，收集并分析大量的学生数据信息，以精准地了解每个学生的需求和差异。通过对个性化数据的分析整合，可以为学生群体设置如性别、专业、年级、政治面貌、成绩等不同的个性化标签，以便更好地制定有针对性的教育方案。最终，通过灵活的教育方式，满足不同层次学生的真实需求，以避免部分学生在网络道德方面出现失范行为。

2.坚持继承与发展中国优秀的传统伦理道德思想

中国传统的伦理道德思想是中华民族几千年来的宝贵成果，凝聚了优秀文化与民族精神。这些传统伦理道德思想在数字技术时代网络空间中对人们的思想和行为具有重要的指导意义。我国古代的伦理道德思想，人们应有针对性地汲取其中的精华，批判性地继承我国传统伦理道德中的优秀思想，这对大学生网络道德教育具有重要的参考价值。

中国历来重视道德教育，并赋予其重要地位和作用。这些宝贵的道德教育经验对如今的道德教育同样具有重要意义。教育工作者应立足于马克思主义立场，借鉴中国传统优秀道德思想，不断丰富和充实数字技术时代大学生网络道德教育的理论与实践。在大学生网络道德教育的具体过程中，要传递道德知识，而更重要的是将道德教育与实际实践相结合，运用道德教育的思想来指导网络实践中的问题，从而培养大学生的道德品质和道德修养。

3.坚持借鉴与吸收西方优秀的伦理道德思想

不同的历史时代、社会和国家发展背景下，道德教育具有不同的研究与实践，形成了多样化的道德教育思想，丰富了道德教育的内涵。西方的道德教育理论对道德发展产生了深远影响，对数字技术时代大学生网络道德教育具有一定的借鉴意义和指导价值。著名的教育思想家如卢梭、赫尔巴特和苏霍姆林斯基等人的思想中包含了对当前网络道德教育的指导意义。例如，他们认为道德教育的根本问题是培养完善的人，他们反对脱离实际生活、仅仅依靠道德理论传授的方式，主张充分发挥个体的才能和兴趣，使个性化特点得到充分发挥。在进行道德教育时，教育者需要充分了解学生的个性化特点，区分共性和个性，因材施教。通过道德教育培养学生的自我教育能力，从而使学生逐渐形成良好的道德习惯和正确的道德信念。当代很多道德思想对数字技术时代大学生网络道德教育也具有借鉴和指导意义。这些思想认为道德问题实质上是价值观问题，教育的目标不仅是树立正确的价值观，更重要的是教会学生批评和自我指导的方法，培养积极的道德思维能力。在教育过程中，教师需要充分信任和尊重学生，从学生的角度思考和理解他们对待世界的态度。

（四）合力性原则

在数字技术时代，大学生网络道德教育呈现出一个有机的整体，蕴含着多重元素。为实现有效的网络道德教育目标，各个教育元素应有机地结合在一起。每个元素的教育内容都需要全面真实，且具备广泛的适用性，同时也必须考虑到特殊复杂情况。教育的目标是将显性和隐性因素相结合，整合教育主体的力量，共同开展大学生网络道德教育。数字技术时代网络空间的复杂性证明，单靠学校一方的力量难以完成大学生网络道德教育的使命。这需要家庭、学校、社会的共同参与，结合虚拟与现实教育领域，共同推动大学生网络道德教育。教育方式可分为自律和他律。他律教育最终旨在通过家庭、学校、社会等外部主体的协同作用，塑造大学生的道德素养。他律教育对道德教育至关重要，因为只有通过他律的过程，将外在的道德观念内化为个人的内心思想，道德教育才能真正达到效果。网络道德教育需要常规的知识传递，法律法规的支持，以及教育者的共同努力，共同制定出有效的网络道德教育方案，帮助大学生将道德思想转化为自身的道德素质，从而在网络空间展现正确的道德行为。最终，这将促使大学生在网络世界中自觉遵循道德规范，共同创造文明健康的网络空间氛围。

1.坚持家庭、学校、社会与网络道德教育的合力

随着数字技术时代的到来，大学生网络道德教育在虚拟网络空间中与传统现实教育呈现出显著的差异。在这一背景下，家庭、学校、社会三者共同促进大学生网络道德教育显得尤为重要。在数字技术时代，大学生的网络道德行为在一定程度上受到外部监管，因此，他们必须在虚拟空间中依靠自我约束，将个人的道德信念融入其中。家庭在这一过程中扮演着支持的角色，通过为大学生提供明确的行为规范，言传身教传递基本的道德准则。家长的道德榜样和对新兴数字技术的理解，以及对虚拟网络空间特点的把握，都在家庭网络道德教育中发挥着重要作用。学校则成为主要的道德教育阵地，必须紧密结合数字技术时代的社会实际，根据学生需求，培养具备社会责任感的网络公民。学校利用大数据技术分析学生成长数据，从而为个性化教育提供有力支持。同时，社会环境也在大学生网络道德教育中扮演着重要角色，为学生提供了实际情境，通过创造道德环境培养学生的道德素养和能力，使他们能够将正确的道德观念应用于虚拟网络空间中。此外，目前国家相关部门出台的网络空间安全法律法规为网络道德教育提供了法律基础，为构建积极向上的网络环境创造了条件，激励大学生全面提升个人网络运用能力。

2.坚持现实社会道德教育与虚拟网络社会道德教育的合力

在数字技术时代，大学生作为网络空间主体，其身份隐藏在符号和数字后面，呈现出一定的虚拟性特征。然而，由于个体本身的现实存在，他们也保持着一定的现实性。因此，在网络空间中，大学生表现出虚拟与现实的双重属性。大学生作为现实社会中的一部分，具备现实性，但他们在网络空间中的角色却带有一定的虚拟性。这种虚实二重性在大学生网络道德教育中具有重要意义。在数字技术时代，准确理解网络社会的虚拟与现实特性，有助于教育者深入研究大学生网络道德教育。数字技术赋予的虚拟环境培养了大学生的自主能力和创造力。在虚拟空间中进行的道德实践使得大学生对道德的思考更加复杂。因此，教育者需要充分认识网络空间的虚实双重特性，把握大学生道德发展的规律，确保网络道德教育能够全面促进大学生的成长。同时，准确把握现实社会与虚拟社会的关系对数字技术时代下的大学生道德教育至关重要。我们需要重视网络空间

中大学生道德教育的独特性，同时也要注意到其与现实道德教育的共通之处，以及两者之间的衔接。虽然现实社会与网络社会存在差异，但也存在一定的一致性，因此教育工作者需要根据数字技术时代网络空间的新特点以及大学生道德发展的新问题，采用有针对性的方式，针对具体问题进行道德教育。同时，教育工作者应该认识到网络社会与现实社会的相互影响，从而找到解决大学生网络道德失范问题的途径。

第三节　数字技术时代大学生网络道德教育创新的根本任务

在数字技术时代，大学生网络道德教育的创新主要聚焦于培养大学生在数字化网络空间中遵循行为规范的道德品质，从而为全面建成社会主义现代化强国作出贡献。通过社会各界成员的共同努力，从多个方面、多个环节推进道德教育工作，以确保网络空间在各个维度都呈现出良好的道德风貌。教育工作者坚持立德树人的核心任务，将其作为道德教育的出发点，致力于培养全面发展的社会主义建设者和接班人，这是道德教育的根本目标。

一、全员化育人，促进大学生坚定理念信念

（一）推进大学生网络道德教育的全员化育人格局

在数字技术时代，全员协同的观念强调每个人在大学生网络道德教育中都能充当教育者的角色，强调每个人都有育人的责任和权利。目前，大学生网络道德教育往往被局限于思想政治理论课教师、辅导员等教育工作者的职责，导致整体育人队伍存在缺失，不同育人部分之间协调不足，呈现出孤立的现象。因此，在数字技术时代，大学生网络道德教育需要突破传统观念，摒弃单一育人主体的思维，提升整体育人意识和能力，协调各部门力量，共同推进网络道德教育。要加强顶层设计规划，构建完善的育人体系。首先，需要在学校层面建立大学生网络道德教育的工作指导团队，统一规划和管理与此

相关的部门及人员，形成整体管理模式，从而建立清晰的全校育人框架。其次，打破部门间的界限，实现全员合作，明确职责分工，为大学生网络道德教育提供育人机制，并建立相关的激励措施。同时，育人队伍的能力提升也是关键。作为网络道德教育者，需要坚持正确的道德价值观，具备高尚的个人修养。教育者要明确网络道德教育的内容和重要性，明确自身的角色定位，将育人工作付诸实践。另外，要不断提升教育者的信息化素养，能够运用数字技术手段开展教育工作。通过技术手段，有效掌握道德教育的关键，真正在网络空间中对道德思想进行引导和监督。

（二）大力弘扬社会主义道德，坚定个人理想信念

在数字技术时代，社会正处于现代化发展的新轨道上，中国特色社会主义进入新时代。在这背景下，当代大学生作为中华民族伟大复兴的重要力量，应树立正确的价值观，坚持社会主义道德准则。网络道德教育的使命在于通过教育，培养当代大学生在复杂多变的网络空间中具备识别善恶的能力，坚定遵循社会主义道德规范，维护国家的立场。大学生需要提升网络空间中的选择和判断能力，培养理性意识，创造健康良好的道德环境。传承中华民族优秀传统，融合时代精神，形成中国特色社会主义道德教育体系。这一体系承载着中华民族历代优秀的文化基因，又注入了时代的新鲜活力，为大学生的道德培养提供了有力的支持。理想信念是大学生的立身之本和精神支柱。在价值观形成和确立的关键阶段，树立正确且坚定的理想信念对于当代年轻人，尤其是"00后"来说，在网络空间交往中至关重要。科学的理想信念能够武装大学生的思想和内心，使他们能够抵御不良网络思潮，坚守正确的道德信仰，用理性信念引导行动，书写出精彩人生。在数字技术时代的网络空间，大学生应以马克思主义的崇高理想为指导，将个人理想与社会理想保持一致，坚定理想信念，以自己的行动为中华民族的伟大复兴贡献力量。

二、全过程育人，推进大学生的全面自由发展

在数字技术时代，进行大学生网络道德教育需要始终坚持全程化的育人模式。这一模式的核心是将具体的育人过程贯穿教育工作和学生成长成才的整个过程中。大学生网络道德教育并非短暂的活动，而是一个持续时间较长的过程，这需要通过系统的规划，将教育环节融入整个大学学习过程。因此，在数字技术时代，大学生网络道德教育应当

以精准的步骤、逐层推进的方式，将各个环节连接，实现教育全程的紧密衔接。

（一）推进大学生网络道德教育的全过程育人格局

根据不同学历层次之间的有效衔接，大学生网络道德教育应实现全覆盖，确保各个学制中的学生都受到适切的教育。根据不同年级学生的特点，制定差异化的教育任务，以满足实际需求，培养其强烈的网络道德意识，丰富网络道德情感，锻炼网络道德意志，最终使其能够承担网络道德责任。通过学习和实践不断巩固个人网络道德行为习惯。在教育实施过程中，应建立全程监管平台，确保网络道德教育质量。构建系统的监管体系，持续监控育人质量，科学评估，及时修正教育内容和方法。在数字技术时代，借助大数据技术平台，收集网络道德教育过程中的数据，进行深入分析，及时调整教育内容和方法，以实现网络道德教育的精准实施，提升教育质量。这种方法将有助于确保大学生在不同阶段都能够受到有针对性的网络道德教育，塑造健康道德品质。

（二）不断推进大学生全面自由的发展

马克思主义所强调的关于人的全面自由发展，为大学生网络道德教育提供了理论指导。在当前数字化的网络空间中，应致力于培养具备全面素质的人才，使其在德智体美劳各个方面得到全面发展，这正是当下大学生网络道德教育的核心任务，也有效回答了培养何种人才的问题。大学生是作为现实人的个体存在，其权利应得到充分尊重。在数字技术时代，大学生网络道德教育需要立足于了解大学生的基本需求，通过大数据分析获得他们真实的心理需求和行为习惯。在这种信息分析的基础上，可以深入挖掘数据，分析总结大学生身心发展和行为习惯的规律。只有准确掌握这些规律，才能制定出切合大学生实际需求和成长规律的网络道德教育内容。培养德智体美劳全面发展的社会主义建设者和接班人，是根据我国国情和社会需要提出的，这需要充分关注大学生的德育、智育、体育、美育和劳动教育，使之在各方面得到全面培养。在适应时代发展的前提下，坚持培养学生全面素质的目标，将社会需求作为指导，不断推动学生的全面发展。这一理念将有助于确保大学生在数字技术时代获得全面而有益的道德教育，培养他们成为适应社会需求的德才兼备的新时代人才。

三、全领域育人，培养担当民族复兴大任的时代新人

全领域育人意味着在社会范围内，充分发挥一切可用的育人资源，持续构建多元化育人平台和载体，通过有效整合各个领域的育人资源，最终实现各领域协同互动的育人效果。在数字技术时代，大学生网络道德教育被视为一个庞大而复杂的育人工程，其意义重大。因此，教育工作者应该以综合性的育人观念为基础，创造一个多方位的育人平台，在这种整体性的引导下，实现全方位、多角度的育人效果，以最大程度发挥大学生网络道德教育的育人价值。

（一）推进大学生网络道德教育的全领域育人格局

在数字技术时代，数字化手段推动了网络空间的多维度拓展。在网络道德教育过程中，加强线上和线下教育资源的共享与共建变得至关重要。通过将现实生活教育与虚拟网络教育空间相融合，共同构建大学生网络道德教育的综合平台。网络空间的道德教育是对现实道德教育的延伸和补充，其中网络空间中的道德问题常常反映于现实生活。解决网络道德问题不可或缺地依赖于现实生活所提供的道德教育实践资源。因此，数字技术时代大学生网络道德教育必须同时兼顾线上和线下教育，两者在教育地位上同等重要，不可替代。线上道德教育注重规范网络行为，培养良好网络道德习惯；线下道德教育则通过互动实践，丰富网络道德教育的内容。因此，应注重线上与线下教育的协同发展，确保两种教育平台之间畅通无阻。同时，推动课内和课外教育的融合，通过隐性教育的方式，不断提高教育效果，实现课内外教育资源的有机结合。在全领域育人的格局下，强调校内和校外教育资源的融合，以及家庭、学校、社会三方的深度合作，以激发学校内部教育资源、家庭育人氛围和社会教育平台的协同效应。通过这种多维度的融合，打造一个立体的网络道德教育生态环境。

（二）完成培养担当民族复兴大任的时代新人的使命

在数字技术时代，大学生网络道德教育的核心使命在于培养能够承担民族复兴使命的时代新人。大学生正处于学习生活的黄金阶段，需要在此期间打牢知识基础，提升全面能力和综合素质。大学阶段的学生能够树立崇高理想，成为中华民族复兴的重要支柱。青年大学生是担负民族复兴责任的核心力量，应具备完善的道德观念，将个

人理想与国家进步有机结合。大学生的道德信念和理想塑造需要通过全社会多方位、多层次的共同教育来完成。在全领域共同努力构建多维度立体化的教育环境下，确保能够培养出承担民族复兴使命的新时代人才。这样，当代大学生就能够在数字技术时代，具有积极态度和正确价值观，理性面对网络空间，通过个人努力为民族复兴使命贡献个体的力量。

第五章 数字技术时代大学生网络道德教育创新的
措施研究

在数字技术时代，大学生网络道德教育被视为一个系统性的教育工程。要确保其有效进行，要求高校教育者在教育过程中不仅包括网络道德内容，同时还需持续加强其针对性。针对大学生在网络空间中出现的道德缺失等问题，教育工作者需要从大学生网络道德教育的模式、内容、方法、师资队伍、评价机制等方面进行创新。

第一节 数字技术时代大学生网络道德教育模式的创新

在大学生网络道德教育中，模式的设计对整体道德教育具有重要的意义，扮演着重要角色。大学生网络道德教育的模式应当紧密结合网络道德教育的教育主体、教育客体、教育介体以及教育环境，特别是在数字技术快速发展的时代，对模式的要求愈发严格。数字技术的迅猛进步导致大学生网络道德教育所涉及的教育主体、教育客体、教育介体以及教育环境都发生了根本性的变革。因此，新的教育模式应充分考虑到这些变化，结合时代的需求，借助数字技术的最新手段，在坚守以学生为核心的德育理念的同时，逐步构建适应数字技术时代的现实与虚拟融合的道德教育模式，打造家、校、社三方合作的立体教育模式。

一、现实空间与虚拟空间相结合的道德教育模式

在数字技术时代,为大学生网络道德教育开辟了更为深入的现实与虚拟共存的教育环境。在整体教育理念的指引下,大学生网络道德教育需要采用一种融合现实教育空间与虚拟教育空间的模式,以确保教育的完整性。这种模式旨在不断推动网络道德教育与数字技术时代的发展,逐步提升大学生网络道德教育的成效。

（一）明确现实性与虚拟性两者的关系

随着数字技术时代的进步,虚拟空间的维度不断扩展,大学生能在虚拟环境中更多地生活和学习。虚拟空间将现实世界的交流平台移到了网络中,将社会关系从现实扩展到了虚拟空间,从而赋予交往以独特的特点。这个虚拟空间具有开放性、共享性和隐匿性等特征。在网络空间中,人们以数字化和符号化的形式存在,交往形式主要是间接的,这为他们提供了更自由地表达内心需求的空间。虚拟空间的平等性使每个人都能平等地沟通,参与社会活动。在虚拟空间中,人们可以更自由地表达,消除了现实社交的压力。数字技术促进了虚拟空间的共享性,推动了跨国界、跨文化的交流。然而,虚拟空间和现实空间之间存在差异。虚拟空间压缩了现实的时间和空间,同时又扩展了虚拟的时间和空间,减少了现实的限制。网络的虚拟性通过屏幕呈现了广阔的虚拟世界,突破了现实时间和空间的限制,使教育活动不受地域束缚。然而,虚拟世界的无界限可能导致文化和价值观的冲突。此外,虚拟空间可能减少现实社会的人际交往,影响大学生人际关系和社会交往的能力。因此,在数字技术的引导下,虚拟和现实相互结合,但不可忽视现实生活的交往。

现实空间承载了虚拟空间的发展,两者相互关联、相互依存。在数字技术时代,通过数字化手段增强了网络虚拟空间中的交互性和多向性。数字技术使虚拟空间超越了时空限制,虽然虚拟空间中的人际关系具有更大的可能性,但仍受限于现实空间的影响。虚拟空间是现实空间的补充,而非并列。人依然是现实社会中的个体。虽然虚拟空间是抽象的,但在其中的情感和交往体验都是真实的,现实社会关系决定了虚拟空间中的人际互动。反过来,现实空间中的人际关系也影响着虚拟空间中的交往。虚拟空间的交往是现实社会的延伸,这反映了现实社会的复杂性。数字技术时代的网络空间中出现的道德问题与现实空间中的道德问题相似,但数字技术对现实空间提出了挑战。数字化和符

号化的人们在思想和行为方面具有不确定性和隐匿性，网络道德问题难以追踪。虚拟网络空间最终需要与现实相结合，经历验证过程，确保其科学性和规范性。

现实空间与虚拟空间相互影响，虽然虚拟空间相对独立，但人们在网络中的思维和行为仍承载着现实空间的特点和发展。虚拟空间是现实社会的反映和延伸，对现实空间产生影响并可相互转化。虚拟网络空间中的道德观念会影响现实世界的道德观念，数字技术为虚拟空间提供了手段，丰富了现实道德教育的模式。数字化使网络空间中的人的交往去中心化，虽然减弱了现实社会的社交属性，但也给人们带来了更多自由，满足其内心需求。

在数字技术时代，虚拟网络空间与现实社会环境决定了人类社会主要生存方式，这两者之间呈现着辩证统一的关系。对于现实世界中的个体而言，能够有效地在虚拟与现实之间转变角色，并理解两者的相互关系，是至关重要的。虚拟空间不能脱离现实空间而存在，而数字化时代的技术介入又助推着虚拟空间的不断发展。虚拟空间与现实空间的统一发展是人类社会进步的关键所在。因此，人们的目标应是推动虚拟空间与现实世界共同进步，以和谐共存和积极互动为基础，促进社会健康发展。

（二）明确现实道德教育与网络道德教育之间的关系

在数字技术时代，网络道德教育可以在广义上被理解为适应数字技术时代的网络道德教育，在狭义上则指的是以数字技术为基础的网络道德教育。广义上的网络道德教育需要在数字技术全新发展环境下，对传统道德教育的理念、模式、方法和机制进行创新，以解决建立创新道德教育体系的问题。狭义上的网络道德教育则将数字技术视为全新的工具和方法，用以创新道德教育模式，解决特定局部道德教育建设问题。因此，数字技术时代下面向网络空间的道德教育可以被称为虚拟空间的网络道德教育，而现实生活中的传统道德教育可以称为现实道德教育。这两种教育方式是辩证统一的关系，相互关联，相互区别，并且相互补充。

在数字技术时代，现实道德教育与网络道德教育存在着区别，尽管两者的教育目的和性质相同，都以马克思主义思想为主导理念，旨在促使人们的思维和行为习惯与社会主义社会发展需求相契合。然而，数字技术时代的变革导致了网络道德教育与传统的道德教育在教育主体、教育客体、教育结构以及教育环境等方面的差异。

第一，在道德教育的主体方面存在差异。传统道德教育的教育主体通常是有明确教育身份的个体，而在数字技术时代的网络空间中，网络道德教育的教育主体更加多元化。

数字技术的介入使网络道德教育的教育主体更具不确定性。网络道德教育的主体身份更加多样，传统道德教育中的受教育者同样可以在网络道德教育中充当教育者的角色。数字技术时代的网络空间赋予个体更自由的角色设定和表达个人意愿的能力，这与现实道德教育存在错位。

第二，在现实道德教育与网络道德教育的主客体关系方面也有变化。传统道德教育中，教育主体通常具有主导地位，可以更多地表达主观意愿，而客体的个体主体性受限。在数字技术时代的网络道德教育中，主客体关系较容易互换，二者能够平等地交流和互动。网络道德教育中，主客体可以在许多情况下相互转化，并且存在着平等的交流和互动。与此相对，在传统的现实道德教育中，教育的主体往往是有目的、自觉地进行道德教育活动的教育者。然而在网络道德教育中，教育主体身份不具体，其目的性不突出，主客体之间的关系更加不确定。数字技术时代的网络道德教育，受教育者更具主动性，呈现出更多的自主性和主体性特征。

第三，现实道德教育与网络道德教育的教育媒介与环境也不同。教育媒介包括教育内容、方法和工具等，数字技术时代使网络空间呈现多种形态，动态立体的时空，使得身处网络空间的个体可以自由选择丰富全面的教育内容。网络道德教育的时空更广阔，教育媒介比传统道德教育更广泛、开放。

第四，现实道德教育与网络道德教育的道德教育环境不同。现实道德教育环境包括一切影响道德思想形成与发展的外部因素，包括自然、社会和精神环境，社会环境在道德教育中具有决定性作用。数字技术改变了传统的道德教育环境，使教育环境发生变化。在数字技术时代，网络空间突破了传统社会中的人际交往限制，陌生人可以通过虚拟符号进行互动。这打破了传统的制约，因此需要在虚拟环境中高度自律。新兴技术为网络空间提供了更多元、多领域的道德教育环境，有助于提升道德教育的效果。

第五，在现实道德教育与网络道德教育的侧重点方面也存在差异。传统道德教育侧重培养具有道德素养的大学生个体，而数字技术时代的网络道德教育除了注重对大学生进行道德规范教育外，更强调培养其自主能力，以自律满足网络道德规范的要求。

传统的现实道德教育与数字技术时代的网络道德教育之间存在紧密的内在联系。网络道德教育是建立在传统道德教育基础之上的，如果将其与现实道德教育脱离开来，就变为"无源之水，无本之木"，最终可能违背道德教育的初衷，对大学生的道德水平产生负面影响。具体有以下几点表现：

第一，数字技术时代下的网络道德教育必须以传统的现实道德教育为基础。传统的道德教育建立在社会的现实存在和客观规律之上,网络道德教育则是以传统道德教育为基础发展而来。因此,数字技术时代的网络道德教育同样反映了社会现实的具体要求。如果没有传统现实道德教育作为基础,网络道德教育可能变为"空中楼阁"。第二,数字技术为网络空间赋予了虚拟性,其中的个体在很大程度上具有超越现实空间的自由。如果网络道德教育不以现实道德教育为基础,有可能将网络道德教育引入与传统道德相反的方向。数字技术赋能的网络空间中存在与传统道德教育不符的内容,可能否定传统道德理念,导致网络空间混乱,最终影响现实空间的道德行为。第三,网络道德教育必须以现实道德教育为根本,以促进大学生道德水平的提升。数字技术的使用旨在促进社会发展,网络道德教育的发展也应加强传统道德教育的效果。网络道德教育是对现实道德教育在网络空间中的延伸和拓展,而传统道德教育仍然具有主导地位,决定着网络道德教育的目标和方向。数字技术时代网络空间的道德教育内容需要通过在现实社会实践中的考察和检验,进一步证明传统道德教育对网络道德教育的指导作用。

在数字技术时代,大学生网络道德教育呈现出对现实传统道德教育的延伸与创新的特点,推动了大学生道德教育的现代化进程。数字技术下的网络空间拓宽了大学生道德教育的时空范围。数字技术的互动性增强了网络道德教育的针对性、高效性;提升了其实效性、多元性,提高了其吸引力。数字技术的发展为网络空间带来了积极手段,不断升级的教育手段促进了网络道德教育的发展。数字技术通过人工智能和虚拟现实技术等手段,丰富了网络空间道德教育的情境,扩展了其时空界限,促进了大学生网络道德教育与现实道德教育的互动发展。网络空间的道德关系是现实道德关系的一种呈现,网络中的虚拟道德关系则是通过技术媒介实现的,人在网络空间具备更多特征。数字技术时代,人的自主能动性加强,虚拟网络空间为人提供了更多可能性,但也可能导致人性的迷失和技术异化,人成为技术的工具。因此,应积极处理现实传统道德与虚拟网络道德的关系,实现两者的统一,以确保它们相互补充、协调发展。

(三)网络道德教育与现实传统道德教育相结合的教育模式

在数字技术不断演进的时代,大学生网络道德教育的创新必须以传统道德教育为基础,将网络道德教育作为传统教育的拓展,并在教育目标、内容和手段上实现有机融合。在数字技术迅速发展的背景下,强调大学生网络道德教育应建立在传统道德教育基础之上,以确保网络道德教育作为现实道德教育的有益补充。传统道德教育在现实社会中的地位不能动摇,因为数字技术时代的网络空间与现实社会有紧密联系。网络空间的潜在风险对现实社会具有潜在的危害，数字技术的升级也影响着社会发展和大学生成长。因此，在网络道德教育中，必须融合并补充传统道德教育。数字技术的发展已经深刻影响大学生的生活和学习方式，但数字技术并不能取代家庭、学校和社会的教育地位。数字技术应作为传统道德教育的补充，利用新技术升级传统道德教育。在网络道德教育中，教育工作者需要鼓励学生学习数字技术新技能，并在现实社会发展和数字技术应用中引导学生能够理性、积极地运用数字技术，发挥数字技术在道德素养和优良品质培养方面的积极作用。同时，网络道德教育的现代化需要从传统的灌输式教育转向精准的"滴灌"模式。数字技术素养和科学知识应与网络道德教育内容相结合，引导学生科学理性地分析信息，合理运用数字信息，作出正确的道德选择，提升道德素养。

数字技术时代下的网络道德教育与现实传统道德教育的目标高度一致，教育内容相互融合，教育方法相互补充。两者的共同目标是培养社会主义事业建设者和接班人，将社会主义核心价值观内化为大学生道德行为。虽然重点略有不同，但数字技术为网络道德教育带来了更加个性化的教育方式，增强了学生的主动性。大学生网络道德教育应注重培养学生的技术伦理道德，使其能够理性运用数字技术，同时理解技术的地位，防止技术滥用。教育内容应结合社会需求，融合传统道德理论和数字技术发展，涵盖网络道德规范、法治与安全、网络文明与责任、道德素养等方面。网络道德教育需要响应时代需求，将教育内容与学生认知特点相结合，以提升道德判断能力。通过网络道德教育，培养大学生网络自律，塑造良好网络行为，其能在新技术赋能的网络空间中积极应对不良价值观，确保道德理念正确。在教育方法上，需要结合数字技术的新兴手段，如虚拟特效，提升教育体验，同时要传承传统道德教育方法，将其升级并融合数字技术，以提升网络道德教育的效果。总之，大学生网络道德教育应以传统道德教育为基础，融合数字技术手段，使其成为现实道德教育的有益补充。

教育工作者要重视在网络道德教育过程中整合虚拟网络空间与现实社会的道德教育资源。数字技术时代的网络空间存在各种挑战，其中既有陈旧问题也存在新的矛盾。在这种情况下，网络道德教育应充分利用数字技术手段整合传统道德教育资源，为网络空间的道德建设提供有力支持。尽管数字技术正在改变社会，但主流道德观念仍以我国优秀传统文化为基础。因此，网络道德教育不能脱离传统文化背景，应以科学理性的态度对待传统道德教育资源，结合数字技术时代的需求，在传承中不断发展，保留精华去除糟粕。通过数字技术手段，将其中积极因素进行有效升级，以适应当前时代需求。数字技术时代的发展是不可阻挡的潮流，在网络道德教育问题上，我们应积极应对时代变化，根据教育目标和理念结合时代需求，不断升级传统道德教育模式，使之更符合当代大学生需求，以提升他们的网络道德选择和判断能力，从而提高网络道德教育效果。

二、立体多维的"家、校、社"合力教育模式

在数字技术时代，大学生网络道德教育的成功需要家庭、学校和社会共同参与，发挥各自的作用，以提升道德教育的效果。面对新兴的数字技术手段，如何更好地协同发挥各教育主体的教育合力，是一个需要准确定位和深思熟虑的问题。数字技术时代下，虚拟网络空间为各教育主体与客体共同发挥作用创造了条件。因此，借助数字技术发展的特点，可以构建一种立体多维的家庭、学校、社会和学生之间紧密合作的网络道德教育模式，充分发挥各教育主体的合作作用，从而提升网络道德教育的效果。

（一）教育合力理论

人们所称的教育合力指的是在特定的时间和条件下，各教育主体对受教育者施加的综合教育效果。这种综合教育效果不仅仅是各教育主体简单相加的结果，也类似于单个教育主体相互作用后产生的反应，从而赋予受教育者更强大的教育力量。在实际的教育过程中，涉及多个关键要素，如教育者、受教育者、教育环境、教育内容、教育目标、教育手段以及教育活动等。这些要素构成了教育合力理论的核心内容。通过整体系统结构的建立，将不同要素有机组合，然后将这种综合效力施加于教育对象。因此，教育合力需要在教育模式的时间和空间两个维度上有序协调运作，确保各个要素能够协同发挥最大的效果。

（二）合力教育模式的组成主体与教育环境

道德教育的主体是指在网络道德教育过程中扮演教育主导角色和组织者的实体。在道德教育中，教育者和受教育者都是主体，都承担着积极参与教育的功能。虽然受教育者在道德教育中是教育的对象，但在特定环境下，他们的角色可以转化，从而具备了教育者的特质。因此，教育主体包括家庭、学校、社会，以及大学生个人。在整个道德教育过程中，教育主体负责组织和引导教育活动，起着主导和决定性的作用，通过具体的教育实践、过程管理和任务研究等方式来推进道德教育。家庭教育作为教育主体之一，

其主要通过家庭环境的潜移默化对大学生进行引导，扮演着启蒙教育的重要角色。

道德教育的环境在塑造大学生道德观念和品德形成中扮演着关键的物质条件角色。环境对个体的思想和道德发展具有重要影响。网络道德教育的环境需要在家庭、学校、社会等各个层面相互交织，形成道德教育的外部环境体系。这个环境体系具备动态性、广泛性、直观性和渗透性等特征。同时，道德环境也对受教育者自身具有重要影响，具有感染力和约束力，有助于推动受教育者遵循道德教育的规范要求。

家庭环境主要包括家庭的价值观和文化素养，是每个受教育者启蒙教育的重要环境。学校在教育环境中扮演着重要角色，包括学校的学风、校风以及教师的教育风格等。高校在培养大学生道德素养和传递道德知识方面具有主导作用。社会环境主要涵盖社会的舆论倾向和风气，这对受教育者的思想和行为有潜移默化的影响。社会环境还包括受教育者的同龄人群体，因为同龄人之间共享兴趣和价值取向，他们之间的互动关系对每个人的影响都是深远的。

（三）数字技术时代网络道德教育的教育元素的变化

在数字技术时代，网络空间呈现出与传统教育环境不同的特征，这从根本上影响了道德教育的各个要素，教育环境、教育主体、教育对象以及教育媒介等方面都发生了显著的变化。具体有以下几点：

第一，数字技术的迅猛发展对道德教育的环境产生了深远的影响。这种技术的发展不仅在社会政治、经济、文化和教育等领域引发了重大的变革，而且塑造了更开放、平等、自由和独立的社会面貌。数字技术时代赋予虚拟网络空间以更为丰富的时空维度，创造了广阔的虚拟社区，架起了虚拟与现实的桥梁，丰富了精神生活。数字技术也为教育提供了多元的平台，扩大了文化交流的范围，并鼓励人们参与公共讨论。然而，在这样变革的环境下，网络道德教育的参与者之间的关系也发生了变化。数字技术影响了大学生的价值观、思维方式和个性化需求，活跃了跨国文化交流，但也带来了潜在的危险。因此，解决数字技术时代网络道德教育面临的问题，需要全面构建适应这一环境的网络道德教育体系。

第二，数字技术时代的到来对学生主体和师生关系产生了重大影响。这个时代的特征，如平等开放、多样性、自由民主等，也带来了一系列网络道德方面的挑战，这对传统道德教育提出了严峻的考验。在数字技术时代，网络空间对大学生产生了广泛而深刻的影响。数字技术塑造了大学生在网络空间中的平等思维，网络让每个人都能自由发表意见，超越地域限制，扩大了大学生的交往范围，为交流学习提供了便利。数字技术打破了传统交流的边界，互联网海量信息良莠不齐，一些对大学生的道德价值观产生了潜移默化的影响。这可能会成为道德教育的阻碍，影响整体社会的道德发展。此外，数字技术还改变了教师与学生的关系。技术的引入使人机互动取代了传统的师生交流，大学生在获取知识和信息时更加自主，可以根据需求自由选择教育内容，这强化了个体自我内化的过程。但是，因为大学生在信息与价值判断方面可能缺乏理性能力，因此需要建立教师参与的教育模式，实现教师、数字技术和学生的协同教育。

第三，数字技术对家庭教育和社会教育提出了更高的要求。作为每个人生命中的第一所学校，家庭教育具有深远的意义。然而，面对数字技术时代的变革，家庭教育也面临着严峻的挑战。网络空间在数字技术的驱动下促进了文化多样性和道德价值的多元交流，但同时也充斥着负面信息，这对家庭教育产生了影响。家长对新兴数字技术的认知水平和文化素养，以及他们在家庭教育中对网络道德传递方式和教育程度的作用，都对大学生的道德发展产生了重要影响。实际上，数字技术时代下的现实社会道德问题很大程度上是虚拟网络空间中的道德问题在现实中的反映。社会环境相对复杂，而网络空间更隐藏着潜在的风险。由此，社会道德问题主要表现在信仰危机、人格异化、管理缺失、舆论忽视等方面。数字技术的兴起加剧了网络空间的道德风险，也给网络道德教育带来了巨大挑战，也对传统社会教育环境提出了更高要求。这就需要政府不断加强对数字技术的监管，有效管理网络空间；调动社会各界的教育力量，构建有效的社会教育模式；推动多元化的社会道德教育机构的发展，为社会环境提供有力支持。数字技术手段还为网络道德教育带来了更多的教育途径，丰富了道德教育的内容和资源。这提升了网络道德教育模式的现代化水平，不断丰富了信息获取方式，通过技术手段优化了道德教育的传播方式，有效提升了道德教育的效果。

（四）搭建多元化的主体联合的网络道德教育体系

数字技术扩展了网络道德教育的教育环境，打破了传统道德教育中家庭、学校和社会三者之间的界限。在数字技术时代，网络道德教育需要整合现有的多方教育力量，积极构建一个多元立体的协同育人的网络道德教育体系，以形成数字技术时代网络道德教育的合力。

第一，数字技术时代的网络道德教育需要充分发挥家庭教育的作用。数字技术的快速发展为家庭在网络道德教育中的作用提供了有利条件，然而在当前的家庭环境中，许多家长对数字技术的了解仍相对薄弱，难以为大学生提供充分的指导。因此，学校需要建立多元主体合作的教育体系。在家庭环境中推广相关的数字技术知识，以帮助大学生在家庭教育中接受教育。可以通过向家长普及数字教育知识，提高家长的认知水平和技术意识，同时学校还可以通过创建数字技术家长学习平台，设立相应机制，定期与家长交流，解答家长在数字技术领域遇到的问题，以促进学校与家庭之间的紧密合作。

第二，数字技术时代的网络道德教育也需要充分发挥学校教育的作用。作为主要的道德教育主体，学校在数字技术时代下需要重新构思道德教育的实施。传统的道德教育常集中于知识灌输和集体活动，但在实际实践和个体修养方面可能较为薄弱。传统道德教育未能充分激发大学生的个体性和主动性，忽视了大学生在网络空间中的主体地位。因此，学校的道德教育应融入数字技术的特点，尊重大学生身心发展规律，探索新的教育模式。这种模式应基于社会主义核心价值观，培养学生正确的价值观和道德认知，推动学生形成理性的道德判断能力，促进大学生全面成长。学校应优化数字技术时代下的网络道德教育内容，将数字技术作为手段和内容兼顾。教育内容应契合网络道德教育目标，突出主流道德观念，实现道德认知与实践的统一。同时，提升学生的数字技术素养，强化其网络道德意识，防范数字技术异化对网络道德的冲击。数字技术手段也可以用于创新网络道德教育方式，利用大学生日常接触的数字平台，开展网络道德教育。运用数字技术开辟新途径，充实网络道德教育资源。数字技术扩展了获取网络道德教育内容的时空界限，运用人工智能、大数据、云计算、虚拟现实技术等手段，使网络道德教育内容更生动有趣，提升教育效果。借助数字技术，将网络道德教育拓展至学生可能接触到的任何虚拟空间和网络平台，打破了教育的时空限制，实现了家庭、学校、社会与学生之间的有益互动。

第三，数字技术时代的网络道德教育也需要充分发挥社会教育的作用。在数字技术赋予网络空间新特征的同时，大学生网络道德教育中社会教育面临更多挑战。因此，网络道德教育必须在实践中作出调整，以适应数字技术的变革。国家相关部门应不断完善数字技术和网络空间方面的法律法规，强化政府的监管责任。目前，数字技术时代的网络空间法律法规还不完善，难以确保网络空间保持健康积极的环境。在社会管理层面，相关部门应结合数字技术时代网络空间的新特点，制定有针对性和可操作性的法规，进一步强化网络道德教育在法治层面的实施。政府需要对虚拟网络空间中的交流平台和门户网站加强监管，对数字技术手段进行管理，防止技术对人类社会的主体性造成侵害，避免技术异化现象的发生。鉴于传统管理方法难以解决数字技术时代网络空间出现的新问题，必须根据数字技术的特点调整管理策略，强化对新技术使用过程中问题的处理。例如，引入数字化程序监管技术和反追踪程序等管理手段，规范数字技术在网络空间中的应用。此外，在社会教育层面，还需要加强社会实践教育内容，以应对数字技术时代大学生网络道德教育的挑战。通过多元的社会实践项目，增强大学生的正向道德观念，如志愿者服务等。社会教育的实践活动有助于弥补网络空可能带来的主体间疏离，如人际交往障碍等心理问题。此外，加强社会层面的人文关怀也至关重要，可以弥补数字技术时代下社会道德规范的薄弱环节。

第四，数字技术时代的网络道德教育需要充分发挥学生个体自我教育的作用。长期以来，忽视大学生的主体性问题导致道德教育的效果不佳。在数字技术时代，网络空间呈现出高度开放和自由的特质，大学生在其中享有极大的自主权，能够根据个人兴趣选择知识内容。网络空间中大学生表现出参与和选择的自主性，自我创造的过程以及目标的自我掌控能力。在数字技术时代，大学生在网络空间和网络道德教育过程中展现出明显的主体性。因此，网络道德教育应积极引导大学生在网络空间中发挥主动性。为实现这一目标，教育者需要改变理念，确立以学生为中心的主体地位，使大学生能够在网络空间中独立自主，并不断激发个体潜能。这要求教育者与学生平等相处，尊重学生的身心发展，促进师生之间的双向互动，从而转变传统的被动教育为学生主动学习，提升网络道德教育的实际效果。此外，强化学生的个人主体意识也是必要的。学生对自身存在的意识在网络空间中是否具备自主选择和控制能力，以及个人主体性的发展程度，都起着关键作用。数字技术时代要求学生具备高度的自我意识，通过教育引导，他们在网络空间中承担责任，正确处理人际交往，积极展现个人主体意识，以有益于社会发展的方式行为。同时，还需培养学生在网络空间中遵守道德准则的自律意识，引导他们遵循网络道德规范。在网络道德教育中，应充分发挥大学生创造性，加强师生平等互动，使大学生感受到自己被尊重，进而激发他们在网络空间中的创新和积极性。只有大学生的主体性和创造性受到关注，才能在整个网络道德教育过程中激发大学生将道德内化于心，外化于行，主动传播正确积极的网络道德观念。

第五，数字技术时代的网络道德教育需要强化多元立体化的教育平台建设。尽管传统网络道德教育涵盖了家庭、学校、社会和学生等多个教育主体，但在实际实施中，各方往往"各自为战"，未能真正发挥合作协同的效果。因此，应充分利用数字技术手段，构建多元立体的教育平台，统筹规划各教育主体的职责和任务，使家庭、学校、社会和学生等各方紧密协作，实现即时有效的互动与沟通。在这个平台中，学校应担任主导角色,借助数字化教育平台,全面跟踪和管理大学生的网络道德教育。这有助于实现家庭、学校、社会和个体学生多层次网络道德教育的有机融合,确保多主体的合作网络道德教育平台高效运行。

第二节　数字技术时代大学生网络道德教育内容的创新

数字技术时代对大学生网络道德教育的创新提出了新的要求。在这样的背景下,网络道德教育应充分考虑数字技术给网络空间和现实社会带来的新变化,不断推动网络道德教育内容的现代化创新。道德作为包含传统习惯、内心信仰和社会舆论的价值观、心理活动和行为规范,只有在受教育者的认同下才能够逐步内化为其信念,从而将道德价值观变为个人自觉的实际行动。这最终实现了大学生网络道德教育的目标。因此,数字技术时代大学生网络道德教育的创新对于引导学生道德思想和行为,以及增强他们内外化道德价值观的能力至关重要。根据数字技术时代网络空间的新特点和挑战,大学生网络道德教育的具体内容必须不断创新,以有效引导大学生,加强他们对道德思想的内化和外化,从而提升数字技术时代大学生网络道德教育的针对性和有效性。

一、大学生网络道德教育内容的重点

教育内容承载着具体的教育思想,也是有效进行相关教育工作的核心要素。因此,大学生网络道德教育内容创新是关键和基础。

(一)注重健康的网络心理素养的培养

在数字技术时代,大学生网络道德教育的内容的创新发展对于提升大学生对数字技术相关知识的认知至关重要。这种创新有助于引导大学生正确使用数字技术的方法,以及维护他们的心理健康等。数字技术为网络空间带来了高效获得信息和发布信息的能力,打破了传统的时空限制。大学生普遍熟悉网络的使用方法,生活和学习受网络的影响很大。然而，网络空间中充斥着大量碎片化信息，数字技术的进步使得网络文化更加多元化、选择更加自由化，身份更加匿名化，这对大学生的网络道德教育提出了挑战。大学生正处于形成价值观和道德选择标准的关键时期，因此更容易受到选择和认知的偏差影响。为此，在教育内容方面需要及时引导和干预。教育者可以通过大学生常用的网络平台，将网络道德教育融入相关知识信息，以隐性教育的方式潜移默化地引导大学生。逐步塑造积极健康的道德标准，培养大学生正确判断道德价值的能力，最终使他们在网络空间的学习和交往中具备健康的心理素养。

（二）注重正确的网络文明素养的培养

数字技术发展迅猛，它已成为人类社会发展不可或缺的工具，是人们在生产生活中必然会采用的技术手段。数字技术已经完全融入大学生的日常学习和生活之中，数字技术在为大学生带来了便捷和高效的同时，也存在对大学生的道德有不良影响的风险。在网络空间中，网络文明的重要性不容忽视。在大学生的网络道德教育中，强调网络文明的重要性将有助于提升整个网络空间的文明氛围。

网络文明是网络空间的产物，因此大学生在数字技术时代的网络文明应成为大学生在网络空间学习和生活中必须遵循的道德准则与规范。网络文明对于网络空间的健康运行至关重要，因此培养大学生的网络文明素养显得尤为重要。网络文明素养主要包括正确的伦理道德思想和网络行为。在数字技术时代，大学生在网络空间应具备良好的伦理道德思想。由于网络空间的复杂性不断增加，大学生需要具备良好的辨别能力和高度的自律意识。通过不断自我约束思想和行为，努力营造积极健康的网络空间环境。

数字技术时代要求培养大学生在网络空间中的文明行为。只有个体大学生能够理性自我约束，才能提高整个网络空间的文明水平。因此，大学生网络道德教育应着重培养良好的伦理道德观念和行为规范，使他们在数字技术时代的网络空间中展现出真正的文明素养，为网络社会的健康发展作出贡献。

（三）注重积极的网络安全意识的培养

我国网民规模不断扩大，大学生群体占据了绝大部分。在数字技术的推动下，大学生的学习和生活各个方面都紧密依赖着网络空间，为他们的成长提供了无限可能。然而，数字技术所存在的不良价值观和消极思想观念对大学生的思想产生了不良影响。由于网络空间安全管控的缺失，不良思想可能对大学生的价值观产生一定影响。面对多元文化，部分大学生尚不具备辨别不良内容的能力。因此，大学生网络道德教育需要注重培养大学生积极的网络安全意识，使其能够在困惑和诱惑面前作出理性的选择。

教育者需要通过网络道德教育的内容引导和培养学生具备正确的道德选择能力，增强他们对社会主义道德观念的认同。在各大网络平台上，通过积极宣传和引导，逐渐形成积极的网络安全意识的共识；通过传递正能量和主旋律，营造健康的网络氛围，帮助大学生树立坚定的网络安全意识，从而使其在数字技术时代更好地保护自身价值观，为网络空间的健康发展贡献力量。

（四）注重良好的网络伦理道德意识的培养

数字技术时代的发展加深了网络空间的虚拟性，也引发了网络伦理道德的潜在危机。教育者应正确传递大学生网络伦理道德教育的内容，以帮助大学生在数字技术催化的网络空间中培养出良好的网络伦理道德意识，并逐步强化社会责任感。这需要在大学生网络道德教育中强调网络责任意识、网络行为判断标准等方面的引导，从精神和心理角度促进正确道德理念的形成。只有培养大学生内心的正义感和责任感，才能引导网络空间的伦理道德思想和行为正确发展。

尽管网络空间具有虚拟性和自由性，但在大多数情况下，它为大学生提供了丰富的信息资源和多元的文化思想，使其得以快捷获取知识。然而，要使大学生能够正确应对和选择多样的伦理道德思想，需要他们具备良好的网络道德意识，使其内化于心，外化于行。只有这样，他们才能自觉地遵守道德规范，并有效地传播积极价值观。数字技术时代的大学生网络伦理道德教育应当注重引导学生在虚拟和自由的网络空间中，树立正确的道德观念，实现个体责任与社会和谐的有机结合。

二、大学生网络道德教育内容的构建

数字技术时代下的大学生网络道德教育内容的构建必须根据时代特点和学生特点，考虑道德教育创新的方向。在具体构建内容时，应遵循引导性、系统性、主体性和发展性等原则。在这些基础原则的指导下，高校需要针对大学生网络道德教育进行具体的内容创新。这样的创新旨在培养大学生在数字技术时代的网络空间中具备准确的自我判断、自主选择和个体创新的能力。通过广泛丰富的大学生网络道德教育内容实现网络道德教育对于思想品质的塑造和价值观的引领，从而达到育人的目标。

（一）强化大学生理想信念教育的教育内容

在数字技术时代，理想信念是个人精神世界的支柱，也是社会主义精神文明建设的关键。大学生网络道德教育的核心之一是培养他们积极的理想信念。理想信念对于个人的精神和行为有直接影响，能够激发其学习和生活的热情，推动国家的发展和进步。在现代社会，没有积极的理想信念作为支撑，个人和国家都可能陷入迷茫。理想信念教育内容应该包括三个方面内容：首先，强调党的领导的重要性，使学生认识到中国的进步与发展离不开中国共产党的领导；其次，注重中国特色社会主义的教育，引导学生从多角度认识中国特色社会主义道路的历史必然性，增强信心和决心；最后，重视中国梦教育，引导学生追求并实现中国梦，明确每个个体都是中国梦的实现者。随着数字技术的快速发展，网络空间的监管变得更加困难。当代大学生正处于世界观、价值观形成的关键时期，数字技术拓展了网络空间的边界，各种思想文化共存，其中既有积极的，也有消极的。在这种情况下，理想信念教育显得尤为重要，因为它能引导大学生树立正确的人生观和价值观，应对网络空间中的思想挑战。教育者需要在网络道德教育中融入理想信念教育，通过数字技术手段，潜移默化地影响学生，引导他们树立正确的理想信念，从而有效引导他们在数字技术时代的网络空间中树立正确的价值信念。

（二）强化大学生社会主义核心价值观的教育内容

社会主义核心价值观融合了马克思主义和中国传统文化，是当代中国特色社会主义实践的集中体现。在社会主义核心价值观中，国家、社会、个人层面都体现了政治理念、社会根本和行为准则。在数字技术时代，网络空间成为多元价值观碰撞的舞台，不同观念相互碰撞。社会主义核心价值观是网络空间的主导价值标准，也是大学生行为的重要准则。在数字化网络空间中，对大学生进行社会主义核心价值观教育意味着引导他们从国家、社会和个人角度审视价值观。这为网络空间提供了理性的道德准则，确立了思想与行为的价值标杆。通过学习社会主义核心价值观，大学生能够平衡个人和集体利益、个人和社会价值；大学生可以抵制错误观念，判断信息价值取向，强化对网络道德规范的认知，进行正确的网络道德实践。因此，在网络道德教育中，社会主义核心价值观应占主导地位，帮助个人树立正确的道德价值观，抵制各种错误思想。此外，需要增强社会主义核心价值观的亲和力，网络空间中不同话语体系的冲突对社会主义核心价值观产生了影响。因此，在教育中需要增强社会主义核心价值观的亲和力，与大学生的兴趣相结合，通过人文关怀，强化正确道德观念。引导大学生积极践行社会主义核心价值观，将社会主义核心价值观落实于其在网络空间的思想与行为，使其履行个人职责，建立诚信友善的人际关系，从而促进网络空间的健康发展。

（三）强化中华传统文化的教育内容

中华民族的优秀传统文化承载着民族的精神脉络，也是我国文化软实力的体现。这些传统文化价值体系不仅是道德教育的理论基础，也在潜移默化间影响着整体道德观念。在数字技术时代，中华民族的优秀传统文化仍然是大学生网络道德教育的重要组成部分，对于培养大学生在网络空间中的道德信念起着关键的作用。构建大学生网络道德教育内容需要充分借鉴中华优秀传统文化，同时在传承中进行创新。这需要将传统价值与现实需求相结合，将抽象理念转化为具体行为，以提升个体道德观念，营造良好的道德氛围。教育大学生网络道德时，除了传承中华民族传统文化，还需培养大学生爱国情感，增强民族自豪感与社会责任感。通过传承中华优秀传统文化，大学生能够提升自身的道德修养，遵守网络空间的道德规范，不断汲取传统文化的智慧，提升道德境界。同时，在大学生网络道德教育中，应运用中华民族传统文化的内容，使其树立高尚的道德价值观。通过具体教育内容，引导大学生诚实守信，从而促进网络空间中的良好人际互动。中华优秀传统文化是历史的瑰宝，为大学生道德品质的塑造提供了理论基础。应将网络空间的道德教育与传统文化相结合，以适应数字技术时代对教育内容创新的要求，助力大学生在网络空间中形成良好的道德观念。

（四）强化大学生网络行为规范的教育内容

随着数字技术的迅速发展，网络空间已成为大学生全新的学习和生活领域。网络空间不断升级，有必要对大学生进行全面的网络行为规范教育，以促进其正面发展和秩序建设。大学生网络行为规范教育通过具体内容的设置，向学生传达明确的网络道德准则，提高他们对正确行为的认知，逐渐将积极的规范内化为个人的行为准则。在设计大学生网络道德教育时，需要结合学生自身情况。例如，根据不同年龄和认知水平，分层设置网络行为规范，逐步提升他们的网络行为认知水平，使他们能够自觉维护网络道德秩序并承担起维护责任。在网络空间中，保持底线思维至关重要。大学生应遵守网络行为规范的底线，了解法律法规和具体要求，加强对网络道德准则的认知，确保个人行为的正确性。大学生需要了解网络行为规范的基本准则,认识网络空间与现实社会的联系。因此,现实社会的道德规范也应在网络道德教育中得以体现。大学生应将集体利益放在首位,自觉维护数字技术时代网络空间的公共秩序,逐步养成良好的道德行为习惯。这样,他们就可以在网络空间中影响其他群体,自觉承担起积极维护网络环境秩序的责任。健康的网络空间秩序对积极交流至关重要。大学生在网络空间中需要明确自身责任,规范个人言行,实现自律,通过规范行为影响他人,并自觉承担维护网络环境的责任。此外,网络道德教育的内容还应该包括法律法规,使学生了解宪法、网络法律法规和高校网络行为规定,从而在合法底线上约束个人言行,承担相应责任。通过这些措施,努力构建积极健康的网络空间。

(五) 强化大学生网络安全意识的教育内容

网络安全问题对网络空间和国家都具有重要意义。数字技术时代下的网络空间促进了全球思想文化的广泛交流,这也给本国主流意识形态带来了挑战。在这一背景下,大学生需要具备网络安全意识,这是他们在网络空间中活动所需的最关键能力。由于大学阶段是大学生思想活跃性和价值观形成的关键时期,他们容易受到不良思想影响。因此,在大学生网络道德教育中,必须加强网络安全意识的培养,使大学生能够在明确认知的基础上,自觉地维护网络安全。这可以通过对大学生进行网络法律法规教育来实现,学生了解并熟悉相关法律法规,有助于不断提升他们的网络安全意识。在网络法律法规的教授中,要让大学生树立起网络安全的法治观念,自觉遵守网络行为的法律底线。在具体的网络安全意识教育中,应以马克思主义理论为指导,结合数字技术时代的需求,针对大学生在网络空间中的特点,有针对性地进行教育。通过数字化手段,将抽象的理论知识以文字、视频、音频等方式传递。利用数字化网络平台,以大学生喜闻乐见的方式潜移默化地传递教育内容,使大学生能够接受并自觉地抵制不良文化思想的影响,从而确保网络空间的安全。

(六) 强化大学生网络责任的教育内容

在数字技术时代,大学生网络道德教育需要紧密关注大学生自身特点。许多网络道德失范行为源于大学生缺乏足够的网络道德责任意识。当前,数字技术时代赋予了网络空间更多自由性和隐匿性,使大学生能够在网络上自由发声。然而,这也可能导致他们忽视了自身网络行为的后果。因此,大学生网络道德教育需要特别强调网络责任的重要性。通过教育，引导大学生充分认识到他们的网络言行可能引发的影响，以及违反网络道德规范和法律法规所带来的后果。这些后果应该在大学生接受教育时明确阐述。另外，大学生在网络空间中具有重要影响力，扮演着传播者的角色，因此大学生在网络空间中要肩负起传播主流道德观念的责任。因此大学生在网络空间中要肩负起传播主流道德观念的责任。在道德教育中，其内容既能符合大学生的接受程度，又能起到引导作用，使他们能够内化这些道德观念，明确自身在网络中的引导责任，并逐渐将这些观念付诸行动，为网络空间创造积极向上的氛围。在网络空间中，大学生需要明确自己的角色和责任，通过道德教育，主动承担起引导网络空间的责任。当大学生具备责任感并传播正确道德思想时，网络空间将充满文明和美德。

（七）强化大学生网络自律的教育内容

数字技术时代，网络自律的意识成为主体通过认同行为规范并主动自我约束的关键。网络空间的虚拟性、自由性、隐蔽性和自主性需要大学生具备更强的自我要求能力。因此，在数字技术时代，大学生网络道德教育必须加强大学生网络自律的培养，通过教育引导大学生在复杂的网络环境中保持高度的自觉性。这种自觉性应当从内心产生，而不仅仅依赖外部的强制力量。大学生需要逐步培养网络空间中的自我管理能力，这种能力是从内部反省到外在行为的显现，从而确保即使在网络空间的环境中，个人言行也能够自我约束。在具体的网络自律教育中，言论和行为自律都至关重要。大学生需要理性对待网络中的言论，避免传播不当信息。他们需要在网络活动中保守国家机密，遵守法律法规。此外，网络自律的教育还应引导大学生积极抵制不道德行为，并在发现违反网络道德的情况下主动举报。虽然数字技术时代赋予了个体更多自主权，但不应忽视自律的重要性。只有每个人都能保持高度的网络自律，网络空间的自由才能得以保障。网络自律的教育内容需要每位大学生都深刻理解和践行。同时，在这方面的教育中还应包括诚信教育、平等教育等，通过教育，营造和谐文明的网络环境。

（八）强化大学生网络心理健康的教育内容

在数字技术时代，大学生网络道德教育的内容需要加强对大学生网络心理健康的培养。大学生的心理健康教育对个人自我管理和自我约束具有重要影响。当前社会高速发展导致心理健康问题凸显，网络心理问题也随之增多。例如，网络游戏和娱乐直播等活动可能使人逐渐失去正常人际交往的兴趣，导致网络抑郁和孤独。这些不健康的心理状态与网络道德失范的行为存在一定关联，从而影响网络空间的健康发展。为了应对大学生网络空间中的心理健康问题，需要加强心理学、社会学等学科的理论指导。这些学科知识能帮助大学生减轻心理压力、缓解心理矛盾，从根本上培养正确使用网络的意识，避免陷入虚拟网络空间。大学生网络道德教育应融入相关的网络心理健康知识，培养科学的网络思维，养成良好的网络使用习惯，合理分配网络使用时间。引导大学生以与现实社会相符的心态面对网络虚拟空间，树立正确的价值观，理性应对网络使用。借助数字技术手段，建立数字化平台，实现线上线下互动，通过设立网络咨询平台等方式，实时帮助大学生解决网络心理问题，这将有助于塑造大学生正确的网络道德观，提高其网络心理素养。

第三节　数字技术时代大学生网络道德教育方法的创新

教育方法指的是教育主体为实现既定教育目标，在教育过程中采用的方式和手段。随着数字技术的迅速发展，网络空间中的道德教育正朝着立体化和动态化的方向发展。在这一背景下，大学生网络道德教育方法成为实现道德教育目标和内容的重要途径，也是成功进行网络道德教育的必要条件。在当前环境下，教育工作者需要借助新兴的数字技术手段，紧密关注大学生的实际需求，创新并开发出科学有效的大学生网络道德教育方法。

一、大学生网络道德教育方法创新的必要性

大学生网络道德教育的具体流程涉及教育者借助特定的网络媒介手段来传递网络道德教育内容。在这一过程中，大学生通过内化网络道德教育的过程，逐渐将其转化为实际的网络道德行为，以实现预期的教育目标。

（一）数字技术时代的发展要求网络道德教育方法的创新

数字技术时代的网络道德教育融合了升级后的网络空间环境和高科技的数字化手段，呈现出更高的科技含量和鲜明特色。随着新兴数字技术如大数据、云计算、人工智能、区块链和"物联网"的迅速发展，这些技术逐渐渗透到网络空间的方方面面，赋予网络空间更自由、隐匿、虚拟、互动等显著特点，也促进了影像与图文相结合等多种方式的使用，网络空间更具吸引力。数字技术时代下的网络空间交流与现实社会有所不同，常常采用简洁明了或碎片化的方式进行沟通。在这个环境中，个体的信息传播成为网络上点对点的信息传递，信息的传播在网络空间内以多层级的方式进行。大学生可以随时随地发布信息，其他网络用户可以获取这些信息。网络空间还允许大学生随时搜集所需的知识信息，碎片时间内获取碎片化信息。网络空间的平等互动特性和高效信息传播特点为大学生的知识获取提供了更广阔的机会。数字技术时代消除了信息传递的时间与空间限制，大大扩展了大学生的交流范围。网络空间中的平等与共享使得每个人都能平等获取所需知识，且个体在网络空间中形象的塑造更加立体。数字技术促进了网络空间中丰富的知识资源，再加上多元化的形式和贴近大学生兴趣的内容，使得网络道德教育更受大学生欢迎。因此，网络道德教育应该基于数字技术传播的规律，并符合网络空间的特点；同时考虑学生个体需求，不断创新教育方法。

（二）网络空间中的大学生群体要求网络道德教育方法的创新

在数字技术时代，大学生群体已经处于无时无刻不与网络相连的状态。数字技术为大学生创造了更广阔的网络空间，提供了新的社交和生存方式。然而，数字技术也使得网络空间中的交往更具虚拟性和隐匿性，个体的真实性逐渐被数字化或符号化所替代，削弱了人与人之间交流的真实性。数字技术扩展了虚拟网络空间的时空范围，使得网络内容更加多样化。信息量庞大的网络空间对大学生充满吸引力，他们可以根据兴趣在网络空间中自由探索。在数字技术时代，大学生更加自主，渴望展现个性，拥有丰富的想象力和创造力，以及自主获取和学习新知识的能力。数字技术时代下的网络空间为大学生提供了展现个人主体性的广阔时空，鼓励他们积极参与网络学习，展现个人能力。然而，也有部分大学生缺乏自我控制能力，沉溺于虚拟网络空间。沉溺网络可能影响他们在现实生活中的人际交往能力，导致情感迷茫、交往困惑等问题，甚至可能引发心理疾病。此外，大学生正处于形成价值观和人生观的关键时期，对外界影响较为敏感，缺乏稳定的价值观和人生观。鉴于数字技术时代网络空间的特点和问题，以及这些问题可能引发的后果，应明确当前大学生网络道德教育方法的创新途径，引导大学生积极、理性地解决虚拟网络空间中的种种问题。

（三）传统道德教育不符合数字技术时代的要求

在数字技术时代，新兴技术不断拓展网络空间，缩短了世界各地的距离，这也带来了多元文化的碰撞，信息和知识的汇聚。这种多元性中蕴藏着不同的价值取向，从而对大学生产生思想冲击，使其价值观出现偏差。然而，目前高校对数字技术的应用尚不成熟，数字技术平台仍处于数据收集与分析初级阶段，数字化建设仍不足。因此，数字技术在网络道德教育方面的作用尚未充分发挥。同时，数字技术所呈现的全新特征也导致传统的道德教育无法满足数字技术赋能的网络空间的需求，也无法完全符合当代大学生的内心需求。传统道德教育过于强调灌输式的理论教育，与数字技术时代的要求背道而驰。数字技术时代更强调重视受教育者的主体个性，以及他们的创造性。传统方法缺乏人文关怀，导致教育形式化、表面化，难以深入受教育者内心，更难使教育内容内化于心外化于行。此外，传统道德教育方法单一，无法满足当代受教育者的需求，也无法实现教育者与受教育者的双向平等交流。在数字技术时代，网络空间的道德教育对教育工作者提出了更高的要求，不仅需要他们具备专业素养，还要求他们不断提升数字技术知识，掌握和应用数字技术，创新适应时代和学生需求的教育方法，并且考虑大学生的个性特点，以实现网络道德教育的有效性。

二、大学生网络道德教育方法创新的基本原则

在数字技术时代，大学生网络道德教育的方法必须依据一系列明确的规则与要求，这些规则和要求构成了教育方法的基本原则。明确定义这些基本原则对于提升大学生网络道德教育的效果至关重要。

（一）规律性与目的性相统一的原则

在数字技术时代，大学生网络道德教育通过有目标、有组织、有计划的教育活动，在数字技术的支持下，引导受教育者的思想和行为，旨在提升大学生的网络道德素养。教育者在这一过程中需要运用适当的网络道德方法，并充分利用数字技术工具，以适应

大学生网络道德思想的形成和个体成长的规律。受教育者的道德思想形成涉及多个重要元素，如知识、情感、意志、信仰和行为。知识方面，教育者利用数字技术等新技术传达网络道德思想，而受教育者则通过主动学习来了解相关知识。情感方面，受教育者在接受网络道德教育时产生情感共鸣，这种情感推动他们调节和约束自己的行为。意志方面，受教育者在教育过程中培养内在的意志力。信仰方面，受教育者在接受教育后形成坚定的信仰。行为方面，受教育者在获得道德认识、情感、意志和信仰后，逐渐转化为具体的道德行为。这些元素相互交织，共同构成了大学生网络道德教育的综合过程。

大学生网络道德教育的方法需要遵循规律性和目的性相统一原则，这要求在教育过程中充分调动和发挥受教育者的创造性和能动性。基于数字技术时代的背景，网络道德教育不再是简单的传统教育方式，更应关注大学生的主体价值，尊重他们的地位。在这个时代，不能仅仅依赖理想信念的传递，而是应运用现代化手段，根据大学生真实需求，通过教育互动实现平等的沟通，从而使受教育者能够内化教育内容并付诸实践。在对大学生进行网络道德教育时，需要注意个体间的差异，避免一刀切。针对大学生网络道德教育中的问题，必须具体分析，尊重主体性，注重人文关怀，突显互动性。面对网络空间中的道德问题，应在尊重大学生发展需求的基础上，综合考虑个体差异，实施具体问题具体分析，确保数字技术时代大学生网络道德教育能够取得针对性的成果。规律性和目的性相统一的原则意味着在实际教育中，利用数字技术创造有针对性的学习条件，真正解决实际问题。只有根据大学生的实际需求来设计教育内容，才能确保网络道德教育取得实际效果。

（二）精准"滴灌"与隐性教育相统一的原则

在数字技术时代，大学生网络道德教育的具体方法呈现出更明显的动态交互特点，因此不能再沿用传统道德教育的灌输式理论方法。需要更加注重隐性教育和显性教育的有机结合，逐步实现精准的理论教育。实现数字技术时代大学生网络道德教育的精准"滴灌"，要依靠数字技术手段和相应平台，通过合理规划和科学设计，对受教育者进行网络道德教育的渐进式传递。传统的灌输式理论教育已经无法满足学生的教育需求，甚至会引起学生的抵触情绪，难以实现教育目标。应建设多元的数字技术平台，采用大学生感兴趣的方式，将道德教育内容巧妙地融入其中。通过隐性教育的方式减少学生的抵触情绪，增加教育的亲和力，从而实现潜移默化的教育效果。数字技术的创新手段为隐性教育提供了更广阔的时空，使显性教育和隐性教育相互渗透和补充，不断增强道德教育的吸引力。在尊重受教育者个体需求、遵循道德教育发展规律的基础上，通过潜移默化的教育内容渗透，实现网络道德教育目标。在创新大学生网络道德教育方法时，应坚持精准"滴灌"与隐性教育相结合的原则。

（三）线上教育与线下教育相统一的原则

在数字技术时代，大学生网络道德教育可以借助新兴技术手段如大数据、云计算、人工智能、物联网和区块链等，实现创新。有效的大学生网络道德教育应充分整合线上与线下教育，使数字技术与传统教育相得益彰。教育者应善用数字技术，确保教育影响迅速而有效。教育者要紧跟大学生的思想动态，及时纠正不当的思想和行为，引导正确的方向。大学生网络道德教育必须在传统道德教育基础上展开，强调线下与线上的结合，以实现道德教育目标。数字技术时代扩展了网络空间，赋予大学生更广泛的交流领域。教育者应结合网络中大学生的表现，从线下问题入手，逐步推进线上内容创新，坚持线上教育与线下教育相统一的原则，以符合道德教育规律和大学生成长需求。

三、大学生网络道德教育方法创新的具体内容

随着数字技术的飞速发展，人类社会经历了巨大的变革。在数字技术时代，道德教育也在不断变化，并逐渐依赖于数字技术的支持。因此，在进行大学生网络道德教育时，必须密切结合社会发展的新特点，持续创新教育方法，以达到真正的教育效果。

（一）传统的教育经验与数字思维模式相结合的方法

教育始终伴随着社会的进步而不断积累经验，并根据时代需求不断改革。通过不断深化教育，可以帮助受教育者提升思想和行为水平。这些教育经验的积累丰富了教育内容。然而，在数字技术时代，网络道德教育面临新的挑战。庞大且多元的知识信息，以及精准的推送，可能在某种程度上将大学生局限在"信息茧房"之中。这可能导致个体思想被过分放大，甚至产生极端观点。因此，教育工作者需要在传统教育经验的基础上，培养自己的数字思维模式，以正确引导大学生在数字技术时代下的网络道德教育。

数据思维是更新大学生道德教育的新方法。数字技术时代提高了人们对数据收集、分析和整合的能力。然而，为了获得权威的数据信息，需要不断对现有数据进行内部分

析和评估。数字化的网络空间打破了传统的时空限制，可能呈现碎片化传播。这对教育工作者提出了挑战，他们需要提升数据思维能力，主动筛选和分析网络数据，以满足大学生的多样化需求。

大学生的道德思想具有动态性和不确定性，这是他们成长发展的规律。因此，教育工作者必须根据大学生个体发展情况运用数字思维，精准挖掘个性需求，制定针对性的教育内容。数字技术时代下，多元化和动态发展的网络空间促进了开放式的大学生道德教育。教育工作者需要将教育思维从封闭转变为开放，更广泛地掌握道德教育的数据，从中寻找更有效的方法。

随着数字技术时代的发展，大学生网络道德教育方法变得比传统方法更加灵活高效。例如，智能设备的普及提升了大学生网络道德教育的便捷性。因此，这些灵活性的方法更受大学生欢迎。当前，数字技术时代的网络空间为教育者提供了多元的信息获取平台，大学生可以自由寻找感兴趣的话题。因此，教育工作者应该提升数据思维意识，准确把关网络空间中的知识信息，筛选出正确积极的内容传递给大学生。升级数字思维还能够拓展道德教育的范围，突破时空限制，引导学生树立正确的道德观念。

数字化时代下，网络空间中的知识信息传递呈碎片化趋势，快速阅读成为大学生的习惯。因此，大学生网络道德教育的方法需要与数字技术的发展趋势相适应，将传统的教育内容升级更新，使之适合快速传播，并且短小精悍。提升道德教育的传播广度和深度，以达到更高效的教育效果。在具体的教育过程中，借助大数据的手段，对大学生群体进行精准分类，根据性别、专业、学制、成绩、生源地、兴趣爱好等特点设置不同的标签，从而为不同群体制定个性化的教育内容。教育者可以根据受教育者的特点，制定符合其需求的内容，学生也能够找到符合内心需求的教育内容。这样可以针对不同类型的大学生的道德问题提供解决方案，使大学生更认同并接受道德教育，实现教育的精准"滴灌"。

数字技术时代赋予大学生更多自主权，他们可以自主选择教育内容并进行传播。在这种情况下，大学生不仅是受教育者，还具有教育传播的主体身份，与教育者平等交流。这使得网络道德教育更高效、快捷，更容易被大学生所接受。

（二）人文精神内容与数字技术手段相结合的方法

数字技术时代带来了新兴的数字技术手段的广泛应用，然而这种趋势可能会降低人文精神内容的传播。为了实现大学生网络道德教育的目标，应将人文精神与数字技术手段有机结合。数字技术作为当今最发达的技术之一，为网络空间的时间和空间带来了更多可能性。通过符号或数字形式，数字技术可以在网络空间中广泛传播教育内容，而网络空间中的信息内容往往是数字化信息的表现。数字技术是大学生网络道德教育的重要工具，应运用这些手段创新教育模式、内容和方法，以在网络空间中发挥道德教育的最大效果。

　　然而，数字技术的发展可能会削弱教育中的人文精神，因为过度数字化可能忽视了人文关怀。因此，在运用数字技术的同时，必须考虑个体的需求进行道德教育。尊重个体是至关重要的，教育过程应满足个性化需求，追求教育的自由、公平和公正。强调在关注需求的基础上，加强对个体的关爱。虽然数字技术扩展了网络空间，提升了技术水平，为人类带来更多便利，但过度的抽象化和符号化可能导致网络空间中存在心理困境与道德迷失。因此，在数字技术时代的大学生网络道德教育中，需更多关注和强调人文精神。在合理运用技术的同时，强调个体的主体地位，避免被技术取代，理性使用技术并融入人文精神的内涵。

　　在当前技术快速发展的时代，人们应合理有效地融合数字技术与人文精神教育。充分利用数字技术的手段，对网络空间中的内容信息进行分类整合，将人文精神的元素注入不同群体喜好的内容中。通过注入情感的教育内容，数据变得更加贴近人性。运用大数据技术对大学生的网络思想与行为进行科学的数据挖掘和分析，利用技术平台合理预测发展趋势，从而精准地向大学生群体推送满足其需求的人文精神教育内容。数字技术时代中的人文精神传递方式也应多元化，以满足不同大学生群体的个体需求，从而赋予受教育者更多的人文体验。在当前时代，人文精神需要与数字技术的形式相结合，以便在网络时空中传播并发挥作用。因此，这需要教育者有效地运用不同类型的数字技术手段，将人文精神内容充分融入道德教育中，实现数字技术与人文精神的有机结合，从而实现多样化的网络道德教育。

（三）现实道德教育与网络道德教育相结合的方法

　　随着数字技术时代的到来和社会的变革，大学生网络道德教育的重要性日益凸显。在实施具体教育计划时，网络道德教育不能与现实道德教育脱节，而是将网络道德教育视为现实道德教育在虚拟空间中的延伸。因此，数字技术时代下的大学生网络道德教育应在现实道德教育的基础上进行，以此提高道德教育的实效性。

　　数字技术的兴起引领了网络空间的发展，这也为网络道德教育的兴起创造了条件。

网络道德教育在一定程度上是现实道德教育在虚拟空间中的呈现。网络空间具有特殊性，拥有与现实社会不同的特点，数字技术的发展进一步增强了网络空间的自由、虚拟、平等和自主等特性。大学生网络道德教育需要在现实道德教育的基础上，结合新的发展特征与需求，创新网络道德教育内容与方法，与传统道德教育相融合。

大学生正处于价值观培养的关键时期，因此对他们进行道德教育尤为重要。他们在网络空间与现实社会中扮演不同的角色，表现出不同的特点。在现实社会中，受到传统道德观念的影响，大学生大多是被动地接受教育，这些约定俗成的观念在一定程度上约束了大学生的行为习惯，形成了一种道德力量，指导着他们的思想与行为。这种现实社会的道德教育环境，能够培养大学生的思辨能力，使其在网络空间中抵制不良行为，并起到一定的督促和引导作用。

网络道德教育作为现实道德教育的延伸与发展，构建在现实道德教育基础上，有助于在数字技术时代中满足人的全面发展需要。借助数字技术，道德教育可以更好地满足大学生的个性化需求，实现数字化与网络化的教育目标。网络空间为道德教育提供了现代化的平台，它的灵活性和多样性有助于提升教育的效果。然而，在融合数字技术的同时，仍需要强调人的主体地位，不能用技术取代人文精神。因此，数字技术时代大学生网络道德教育应注重保持与强化人文精神，以实现教育的全面发展与深入引导。

（四）显性道德教育与隐性道德教育相结合的方法

数字技术时代的发展极大地提升了人们使用网络的频率和便捷性，尤其对大学生而言，数字化网络为其提供了随时随地获取所需信息资源的技术。在此背景下，大学生网络道德教育的显性部分应充分融合数字技术手段，不断根据个体需求和兴趣定制教育内容。多元化的学习情境应得到不断开发，为大学生提供丰富多样的道德学习平台和服务。借助大数据和人工智能等技术，虚拟学习平台与服务得以被构建，从而可以将网络道德教育信息巧妙地融入其中，通过寓教于乐的方法，引导学生主动参与学习。

数字技术时代的道德教育环境需要巧妙融合现实时空与虚拟空间两个教育场景，以扩展大学生的道德学习范围和时间。构建多维度的大学生道德学习情境模型，运用大数据和云计算等技术深入了解大学生的行为习惯和兴趣爱好，动态追踪个人信息的多个领域变化，如兴趣、知识、心理、社交等，以观察大学生思想和行为的演变。通过数字化分析，精准地推送道德教育内容，及时评估教育效果。个性化的道德教育内容因其针对性而更具有效性，能够满足道德教育的要求。

第四节　数字技术时代大学生网络道德教育队伍建设的创新

在大学生网络道德教育中，教育队伍的构建被视为影响教育效果的关键因素。数字技术时代的到来，对大学生网络道德教育提出了更新的要求。在这个背景下，教师队伍建设需要紧密贴合数字技术时代的要求，同时也要紧跟网络空间新的变化特点。通过不断扩展网络道德教育队伍的成员，以适应这一新时代的需求，从而为大学生网络道德教育的创新提供有力支持。

一、大学生网络道德教育队伍建设的指导理念创新

（一）坚持以社会主义核心价值体系作为指导思想

随着数字技术时代的来临，信息全球化的趋势更加显著，网络空间中多元化文化和思想的冲击也愈发强烈。人们的价值观日益多元化，个体的思想和价值取向呈现出明显的多样性。这些数字技术的进步对社会凝聚力和思想整合能力产生了一定的影响。为了社会在发展过程中保持稳定，需要共同的价值观来凝聚思想，塑造社会中各阶层都能认同的道德规范和理性信仰。因此，需要一个核心的价值体系来引导人们的思想和行为。社会主义核心价值体系能够在这方面发挥关键作用，它作为主导价值体系，有助于统一人们的思想和行为。在数字技术时代，网络空间的特征变得更为明显，包括虚拟性、多元性、隐蔽性和自由性等。这些特征对人们所奉行的主导思想和价值观念产生了巨大冲击，因此道德教育工作者面临更严峻的挑战。在数字技术时代，网络空间中的道德教育工作者需要培养大学生在虚拟教育环境中独立思考能力，学会在海量信息和多元思想中作出理性选择，并整合有价值的信息。这需要大学生具备坚定的理想信念和良好的思想道德素养，以能够在复杂的知识信息和思想价值面前作出理性判断。为实现这些能力，大学生道德教育队伍应始终秉持社会主义核心价值体系，确保在数字技术时代的网络道德教育中保持正确的价值引导，确保学生受到正确的价值引导，从而实现网络道德教育的目标和效果。在数字技术时代，网络空间中的道德教育工作者面临比以往更多元的思想和价值观，以及更复杂的考验。因此，大学生道德教育队伍必须坚持社会主义核心价

值观的主导理念，以在这个复杂的网络环境中坚定正确的思想价值和道德方向。只有如此，才能根据时代的需求，满足大学生的个体需求，立足实际，与时俱进开展网络道德教育，确保大学生道德教育队伍有效担负起引导学生进步的重要责任，保证数字技术时代下大学生道德教育的顺利推进。

（二）丰富大学生网络道德教育队伍的人员构成

随着数字技术时代的到来，大学生网络道德教育队伍作为实施教育的核心力量，扮演着确保道德教育目标实现的重要角色。数字技术的迅猛发展在全社会产生了深刻的影响，同时使网络空间发生显著变革。因此，在数字技术时代，应加强网络空间的道德教育，为此需要丰富教育队伍的成员构成，不断扩展道德教育队伍，包括数字技术管理队伍、网络舆论引导队伍以及大学生道德教育队伍，这三个重要部分共同构建了数字技术时代下大学生网络道德教育的教育队伍。

其中，数字技术管理队伍扮演着关键角色。当前，数字技术的快速发展涵盖了大数据、云计算、人工智能、物联网、区块链等新兴技术。为应对这些技术的挑战，需要建立具备相关技术管理能力的团队，包括数字技术专家、学校道德教育团队和相关社会团队。数字技术管理队伍能够在确保道德教育目标与学生发展需要的基础上，结合新兴数字技术，有效管理网络空间，防止技术发展引起技术异化以及对人的主体地位的侵害。因此，构建和发展大学生网络道德教育的数字技术管理队伍至关重要，以保障网络空间中大学生道德教育的稳定推进。

在数字技术时代，大学生网络道德教育需要构建一支政治素养过硬、知识广泛且熟悉数字技术手段的网络舆论引导团队。当前，数字技术舆论引导团队还不完备。因此，应从教育规划的角度整合数字技术舆论引导团队的建设，立足于数字技术时代的发展和网络空间的演变，根据大学生道德教育目标和成长发展规律，组建一个由社会各阶层人员和高校师生共同构成的数字技术舆论引导团队。在高校和相关教育部门内部筛选并培训一支具有广泛知识理论和一定数字技术素养的舆论引导团队。这些团队成员需要根据大学生网络道德教育目标和要求，结合数字技术平台，运用数字技术手段进行网络空间信息资源的建设与管理，时刻关注网络舆论导向，及时整理和维护信息。团队可以选拔培养一批擅长网络和写作的大学生干部，根据网络道德教育计划，对网络中的信息进行评论或文字引导。

学校道德教育团队是数字技术时代大学生网络道德教育的核心力量。随着数字技术时代的发展，道德教育工作者需要不断紧跟时代的步伐，不断进步，以确保网络道德教育的针对性和实际效果。这需要培养道德教育工作者扎实的思想理论基础，同时具备掌握新兴数字技术的能力。在理解道德宣传教育规律的基础上，建立一个能够利用数字技术手段开展大学生道德教育的教学行政辅助团队。此外，也需要培养道德理念坚定且掌握数字技术的大学生管理团队，以提升大学生在运用数字技术开展道德教育方面的能力。通过这些努力，可以将道德教育团队与行政教学辅助相结合，逐步构建适应数字技术时代的大学生网络道德教育的全面管理团队，以确保各个教育层级的全面覆盖。

（三）培养大学生网络道德教育队伍的整体素质与能力

在数字技术时代，道德教育队伍的构建需要吸纳不同社会专业背景和岗位的人员，以实现大学生网络道德教育的全面实施。在具体教育过程中，各个教育队伍相互协作，发挥协同作用，共同具备一致的素质和能力要求。第一，大学生道德教育队伍必须拥有坚定的理想信念。数字技术时代要求教育者具备坚定的理想信念和敏锐的洞察力。队伍中的成员应具备冷静思考、分析判断和及时纠错的能力；以积极理想信念为基础，在教育中传播正确的道德观念，营造良好的教育环境。同时，道德教育队伍应加强道德理论学习，始终保持理性意识，为道德教育提供有效引导。第二，道德教育队伍需要具备良好的道德素养。数字技术时代网络空间呈现出与传统环境不同的特点，这要求教育者拥有高度社会责任感和优良的思想意识。教育者应增强自身的道德责任感，能够正确处理个人与社会利益，调整教育内容以适应数字技术时代和大学生需求，同时坚定网络空间道德发展方向。道德教育工作者要从自身做起，以言传身教的方式，践行正确的道德规范，为大学生树立榜样。这需要道德教育队伍内的每位成员高度重视道德教育的重要性，以确保自己的思想行为符合道德规范，为大学生网络道德教育创造有益环境。第三，道德教育队伍的成员还需要具备全面的知识素养和管理能力。在数字技术时代，教育者的知识素养不仅包括专业理论知识，还涵盖数字技术素养和跨学科知识。同时，他们的管理内容不仅限于教学，还涵盖网络空间中技术手段相关的管理。道德教育队伍必须具备高水平的思想素养、多元化的知识结构和跨学科能力，同时也需要掌握数字技术管理能力。这些素质将帮助教育者提升理性判断能力，为大学生网络道德教育提供有效引导。

二、大学生网络道德教育队伍建设的途径创新

（一）数字技术管理团队建设的创新途径

在数字技术时代，大学生网络道德教育队伍中的数字技术管理团队扮演着道德教育创新中不可或缺的角色。构建这样的数字技术管理团队需要确保其具备坚定的道德素养，熟悉数字技术，具有出色的管理素养。这不仅是数字技术时代对管理团队的要求，也是满足大学生网络道德教育创新需求的必要条件。政府宣传部门在这方面发挥着主导作用，应通过顶层设计制定相关制度，提供资金支持等措施，加强数字技术管理团队的建设，以确保对数字技术时代网络空间的有效管理。教育职责部门可以通过制定管理办法规定数字技术管理团队人员的资格，推动社会和高校相关部门加强数字技术从业人员的能力培训，不断提升他们的专业素养和道德修养。同时，制定奖惩制度，鼓励在数字技术管理团队建设中表现积极并作出突出贡献的部门，从而激发社会和高校有关部门参与数字技术管理团队建设的积极性与主动性。全面改革和完善人才引进与培养制度，重点加强数字技术管理人才的培养和选拔。在引进人才时，需要特别关注高精尖层次人才，特别是紧缺和关键岗位的数字技术人才。招聘过程中要综合考察其数字技术理论素养、跨学科素养等综合素质。需要根据当前数字技术时代的要求和网络道德教育目标，制定相应的人才引进政策，为有能力的管理人才提供开放的环境。同时，要重视数字技术管理团队内部人才的培养，制定合理的考核评价机制，通过逐层培养和选拔，培养出能力强、素质高的数字技术管理团队。

（二）舆论引导团队建设的创新途径

数字技术舆论引导团队需要经过有计划的培训，加强团队成员的数字技术素养和应用能力；需要强化道德思想意识，坚定理想信念，以准确把握舆论方向；需要提高写作能力，以适应网络空间传递教育内容的需求；因数字技术时代网络空间充斥着多元思想文化，需要不断增强多学科知识储备，以提高综合能力；需要高度敏锐，能够洞察网络舆论背后不良思想的传播，采取正确舆论引导；需要运用大数据手段挖掘不良评论内容，并制定相应的教育方案，以保证网络道德教育正常进行，维护积极的网络舆论氛围；需要制定相关的管理制度，明确团队内部成员的职责和任务，合理分工，制定奖励制度，提升工作积极性。

在数字技术舆论引导团队的构建过程中,需要得到具有一定影响力的专家学者的支持。大学生对专家学者的权威性较为信服,因此需要挑选适合进行数字技术舆论工作的专家学者,通过网络发布内容引导大学生形成正确的道德思想和行为,防止不利于大学生网络道德教育的内容的传播。构建数字技术舆论引导团队需要各方协调配合,加强数字技术时代网络空间舆论引导工作。加强数字技术舆情调查分析,能够积极引导网络舆论方向,收集并及时反馈问题。团队成员之间的紧密合作可以不断优化网络舆论氛围,发挥积极的引导作用。

(三)大学生网络道德教育团队建设的创新途径

在数字技术时代,大学生网络道德教育的教育队伍必须具备高度的思想道德素质、数字技术素养和专业知识能力。他们应该深刻理解并掌握当今信息泛滥且多样化的网络空间特征,能够有效应对网络空间中对大学生产生不良影响的因素,同时还需充分了解数字技术背景下网络舆论导向与运行机制。通过运用数字技术手段作为全新的道德教育工具,推动网络道德教育的不断提升。

数字技术时代的发展给社会带来了显著的变化,同时也影响了个人的思想和行为。数字化对网络空间的塑造使得人们逐渐数字化,可能面临失去人类本质的风险。人之所以为人,是因为可以独立思考。具备自主性、主观能动性和创造力。然而,数字时代的到来挑战了个体的思考能力。数据被认为可以解决所有问题,这导致人们逐渐丧失了主导能力。大数据通过分析和整合,构建了"信息茧房",精准地将个体束缚在其中。随着数字技术的异化发展,人类可能会失去对网络空间的主导权,产生无法预测的后果。因此,面对数字技术时代和网络空间的变化,首要任务是加强大学生网络道德教育团队成员的数字技术意识。大学生网络道德教育团队应正确理解和把握数字技术的特点,增加数字技术知识储备,能够鉴别正确数据并利用数字技术工具进行正确传播。此外,他们应增强数字化学习能力,合理规划学习路径,将网络虚拟空间与现实相结合,为大学生提供新的学习互动方式。此外,他们还需提升数字化分析能力,对海量数据进行正确辨别和分析,从而为网络道德教育提供基础。最后,他们应增强数字化安全能力,提升数字化防护意识,保护大学生的数据隐私。在数字技术时代,通过以上方式,大学生网络道德教育团队可以更好地应对挑战,实现道德教育的目标。

第五节　数字技术时代大学生网络道德教育机制的创新

随着数字技术的迅猛发展，传统的道德引导机制已经无法适应时代的要求。为了适应数字技术时代网络空间的新特点，道德教育工作者需要对大学生网络道德教育机制进行创新，以确保它能够符合时代的发展需求，同时也能够适应大学生在网络空间中的新发展趋势。这种机制创新在数字技术时代的大学生网络道德教育中具有重要的保障作用。

一、预警机制的创新发展

在数字技术时代，受网络空间新特点的深刻影响，大学生网络道德教育不再是封闭的体系。因此，必须充分考虑社会环境的发展，既包括现实社会环境，也包括虚拟网络环境，同时需要创新构建具有针对性的大学生网络道德预警机制。这个机制的建立依赖于运用大数据收集的大量道德信息数据。通过挖掘、分析、整合等技术手段，对大学生在网络空间中的思想动态、行为习惯等因素进行科学评估。基于分析结果，可以客观预测未来，并制定相应等级的方案，以及采取有效的整治措施。

在创新发展大学生网络道德教育预警机制时，需要确定一系列预测和预警的指标内容，包括大学生道德思想、道德行为等方面。这些指标内容的制定需要深入了解大学生日常行为习惯，明确他们对网络空间中道德问题的判断情况，了解他们对道德标准和要求的认识程度，还需要了解他们对道德问题的具体看法和解决困难的意愿。此外，了解他们对网络道德冲突时的行为反应、道德行为评判标准以及在网络中与他人互动时的态度等内容，都是预测和预警的重要指标。这些指标内容的明确可以帮助道德教育工作者更好地评估大学生的道德思想和行为，从而有效建立网络道德教育的预警机制。

数字技术时代的到来，彻底改变了我们对数据的掌握范围和深度，借助大数据和云计算技术，人们能够全方位地了解实际问题的情况。通过大数据和云计算的支持，可以获得丰富的大学生道德样本数据，构建起大学生网络道德教育的学生数据库。这个数据库的建立使得大学生网络道德教育变得更加精准，并且能够更有针对性地制定教育内容。人们需要高效地利用数字技术手段，将大学生网络道德行为的情况进行整合，深入分析，梳理出实际情况，以推动大学生网络道德教育的实践。大数据分析能够深入挖掘数据信息之间的相关性，揭示数据背后隐藏的内容。相较于传统的数据采样方法，大数据的应用实现了质的飞跃和突破，避免了因传统采样可能带来的以偏概全，以及大学生网络道德教育实施过程中产生的偏差。借助大数据分析的预测结果，大学生网络道德教育工作者可以进行个人理性分析，作出正确的预测，并及时进行相应的干预，以避免大学生网络道德问题的加深。这种方式有助于指导教育实践，确保大学生在数字技术时代的网络空间中保持良好的道德行为。

当前的网络空间广泛应用数字技术，其运用范围已经不仅限于日常教学管理，还延伸至教育规划等多个层面。数字技术，尤其是大数据的筛选、分析与整合，对于大学生网络道德教育产生了重要影响。大数据的预测功能在个体层面对大学生的道德思想与行为进行评估与判断，及时发现问题并有针对性地解决，发挥着关键作用。以学校教务系统为例，数字技术打造的数字化教务平台可以通过大数据分析学生每学期的成绩变化，找出变化原因，及时解决。同样，学校就业系统借助数字技术创建数字化就业平台，通过全面采集学生在校情况并进行分析，提供学生就业画像，从而有效提升就业工作的针对性。学校图书馆管理系统也可借助数字技术构建科学化数字图书馆平台，实现图书管理和借阅的全方位数字化，通过预测可能出现的风险，保障学生教育的安全性。

二、数字化管理机制的创新发展

大学生网络道德教育数字化管理机制创新发展的首要任务是明确其具体内涵。数字技术的引入解决了教育资源内部数据存储与分析的重要问题，提升了高校内部教育资源的有效利用，逐步实现了教育资源环境的数字化升级。数字技术所涉及的教育分析方法，融合了检索技术、实时反馈技术等技术，构建了数字信息的云数据处理平台，有效地实现了海量数据并提升大数据分析效率。具体而言，数字化管理通过大数据平台搜集各类碎片化信息，这些信息源自学生在校期间的核心数据，如基本信息、学习成绩、图书借阅等。通过数字技术的筛选，将相关数据提取并整合，形成高质量的信息。然后，对这些内容进行科学分析，以揭示其中有价值的数据信息。这为制定具体的大学生网络道德教育方案提供了有参考价值的分析结果，从而为实际教育提供指导。在实际教育过程中，数字化管理技术还能基于教学反馈和学生评价，科学分析学生的学习效果，评估教育的成效。这样的分析可以支持合理的预测，从而为大学生网络道德教育提供预警和指导。随着数字技术的崛起，高校的教育资源形式需要融合数字化，以适应时代需求。在数字技术时代，高校将利用数字技术，通过数据搜集、筛选、分析和整合等阶段，逐步提供更具针对性的教师与学生服务。数字化管理机制将主动整合教师与学生的实际需求，满足其个性化需求，以提升教育主体性意识。数字技术平台能够更广泛地得到认可，将有效地满足不断变化的知识信息需求，引领高校内教育资源的现代化发展。

在数字技术时代，大学生网络道德教育的数字化管理机制在教育过程中发挥着积极的作用。对于高校内部的教育管理者而言，数字化管理机制为他们提供了科学合理的管理方式依据。数字化的应用能够有效减少烦琐的工作流程和无效的教育管理步骤，使整体教育工作更加清晰明了，目标更加明确，工作流程更加规范，从而有效提升教育效果。当前，数字技术的新手段已融入高校的教育工作之中，其积极特性不断加强教育工作者的工作有序性和科学性，使教育过程更加有条理，决策更具针对性，为改进管理方式提供了有效技术支持。

数字技术的精准特性对高校教育工作的具体实施具有重要意义，有助于系统地落实各项教育目标，使内部的教育改革在各环节应用并发挥作用。数字化手段为高校教育过程提供更具说服力的数据信息，有助于教育管理者进行科学合理的判断，制定有针对性的教育规划和工作流程。它不仅能够在现有基础上建立更加科学的数据标准，也能够助推教育改革与发展的进程。

三、开放化机制的创新发展

数字技术时代的到来促进了网络空间的开放自由，让文化与思想在全球范围内自由交流，无论身处何地，人们都能随时获取所需的信息资源。在这个背景下，大学生网络道德教育也需要借助数字化手段进行创新发展。教育的数据资源整合应基于开放的原则进行。政府采取开放数据的举措，促进了数据的利用、管理的有序性和决策的科学性。数字技术时代，全球各国在政府层面已在一定范围内开放数据，推动全球数据的融合与网络环境的开放化。同时，数字技术的发展为教育改革提供了强大的推动力，如大数据、云计算、人工智能等技术，使教育资源逐渐向开放化迈进，打破了传统教育的局限。数字化的教育模式不仅提供了更多学习资源，还突破了时间和空间限制，推动了教育的升级。然而，数字化平台中的数据资源整合也面临挑战，因不同部门业务形式的不同，可能导致数据孤立与重复。为确保数据资源的联动和有效利用，必须加强部门之间的合作，建立开放性与共享性的机制。数字技术的数字化数据平台具有重要价值，对于数据信息的传输、交换和信息预测都有作用。开放性机制能够满足教育部门的需求，促进高效沟通，提升工作效率。数字化的开放机制在建设数据平台时需要符合教育目标和标准，满足教师和学生在不同环节的需求。这些机制的创新增强了教育结构的科学性，为大学生网络道德教育的发展提供了更广阔的平台。

四、评价机制的创新发展

数字技术时代对大学生网络道德教育的评价机制提出了更高的要求。随着网络空间的数字化发展，大学生网络道德教育的内容和方法都在不断受到影响并发生改变，因此相应的评价模式也需要更高程度的创新。只有根据道德教育的新发展情况，不断调整原有的评价模式，并充分利用数字技术的新手段，才能使道德教育的评价机制更好地适应数字技术时代网络空间发展的要求。

在数字技术时代，大学生网络道德评价机制借助数字技术手段，根据特定评价标准对大学生网络道德教育的过程与结果进行科学分析，以制定有指导性的评价机制。其创新需要在教育者、受教育者、实施教育部门以及教育过程等多个方面展开。评价机制中，对教育者的评价对于提升教育队伍素养、改进大学生道德教育流程至关重要。教师的专业素养、道德素养和人格素养等直接影响教育成效。受教育者的评价是核心环节，大学生道德思想与行为的实际表现直接反映教育成果。只有对大学生进行全面科学的评价，才能制定出有针对性的评价方式。评价个体行为反映教育效果，可以为后续提供有效指导。对教育过程的评价涵盖目标、内容、手段与结果等方面，需要及时评估每个环节以确保最大效果。评价机制创新还有助于及时发现与解决问题，保障教育过程与结果的有效性。

大学生网络道德教育的评价机制的创新发展必须充分发挥其导向、激励和调控作用。评价机制的导向作用意味着为大学生网络道德教育提供明确的方向和正面积极的引导，特别是在数字技术时代网络空间充斥着多样的文化，部分信息良莠不齐。这对正处于价值观形成关键时期的大学生来说，意味着在网络空间中进行正确价值取向的挑选是有难度的。评价机制能够帮助大学生有效抵制有害思想的影响，及时纠正错误的方向。评价机制的激励作用在激发学生的主体性和积极性方面具有重要意义，通过客观评价，激发学生自我了解、提升和发展的内在动机，同时也能够推动教育主体不断优化网络道德教育的理念、内容和方法。评价机制的调控作用基于相关原则，及时反馈评价信息给学生和教育主体，促使调整实现最佳效果。通过调控手段，评价机制能够增强情感共鸣，强调优良品质，积极影响大学生的价值观形成和行为习惯养成，同时有效抵制不良思想和行为，进而提升教育效果。

五、保障机制的创新发展

随着数字技术时代的迅猛发展，数字化网络空间正飞速扩张，数字化手段不断应用并普及，受到广泛认可。为确保数字技术的有效发挥，进行大学生网络道德教育的保障机制创新显得尤为关键。

在数字技术时代，大数据、云计算、人工智能、物联网、区块链等新兴数字技术为大学生网络道德教育提供了创新工具，构建了多元化的网络空间教育场景。这些技术也给网络道德教育带来了创新机会，为其发展提供了前所未有的可能性。数字化手段实现了广泛的社会互联，连接了人与人、人与机器、机器与机器，重新定义了教育的范式，深化了虚拟网络空间中的交流方式。然而，在数字化网络空间的迅猛发展下，可能出现算法黑箱、数据孤岛等问题，因此需要建立适应数字技术时代的网络教育环境，以确保大学生网络道德教育的科学性。在这个背景下，构建网络空间道德教育的数据信息链条，整合教学资源，建立标签化的数据信息管理模式，通过数据整合与分析揭示教育过程中的规律，能有效支持网络道德教育的实践与优化。教育工作者应提升数字技术素养，充分利用大数据分析与挖掘能力，为大学生网络道德教育提供可靠依据，实现数据驱动的教育改进。

大学生网络道德教育的保障机制创新发展，必须将数字技术与教育过程融合，确立相应保障措施。首先，必须加强保障机制的整体设计。当前数字技术时代，建立大学生网络道德教育的数字平台是一个系统性的工程，需要高校统筹规划各部门工作，实现有效系统整合。唯有整合内部资源，才能构建数字平台所需的数据基础。此举需要学校各层级齐心协力，整合资源，共同推进网络道德教育。创新发展保障机制从顶层设计开始，逐步实施各环节，各部门积极参与，为数字化平台提供数据信息，确保平台有效运行。数字化平台的构建必须从建立初衷入手，适用于数字技术时代需求，符合大学生成长需求，实现全过程网络道德教育创新。系统设计要统合学校层级，确保一致性。在教育过程中，教师、开发人员和行政人员都需统一理解，统一价值观，明确教育目标，对数字技术有明确认识并具备判断力。面对庞大数据，教育工作者需要合理运用科学道德素养，确保数据分析有效。数字化平台的建设是长期工程，在保障数字技术使用规范性、合理性方面，需要制定相应管理办法，以促进大学生网络道德教育数据信息的规范使用。平台庞大数据要实现高效运行，需要教育者和技术人员确保数据真实有效，制定适用的管理与运行制度，确保平台良性运转。其次，需要确立数据共享制度。传统大学生道德教育存在部门独立性，导致数据孤岛的产生，如学生奖贷信息、成绩、心理、道德、健康等。部门信息化软件不一致，数据资源不一，造成重复录入和效率低下。共享制度可以实现部门间数字技术统一，确保数据标准、高效共享。统一数字平台可以保证数据安全可靠，并为教育提供及时数据。再次，需要建立全面数据信息池。数字技术时代要维持庞大数据有效运行，需要存储数据信息池以方便查询。数据信息池为教育决策提供基础数据参考，通过数据挖掘与整合，形成多元数据信息框架，支持全过程教育。最后，需要确立数据安全制度。数字技术运用的两面性要求有针对性的安全管理制度，提高风险应对能力。数字技术泄露个人隐私，数据侵犯隐私并预测行动，但通过制度可在一定程度上避免这些问题。数字技术安全制度需要创新，以适应数字时代，保障数据使用规范性和管理合理性，确保大学生网络道德教育数据信息安全、规范使用。统一搭建数字技术平台，可以确保内部数据安全可靠，并为教育提供有效数据信息。

　　大学生网络道德教育的保障机制的创新发展离不开具有优秀的数字化管理与应用能力的教师队伍。数字技术已经在教育领域得到广泛融合，数字化教育迈入普及时代。然而，在实际的大学生网络道德教育中，缺乏全面掌握数字技术的教育人才是共同的难题。因此，必须建立共享的工作机制，打造专注于数字技术管理与应用的教师团队，以确保数字技术时代大学生网络道德教育的顺利进行。这支队伍将承担特殊职责，制定数字技术建设与管理规范，组织解决与技术相关的各类问题，负责数字化平台建设方案，协调内部工作，保障信息挖掘与使用的合规性。建立数字化管理与应用教师队伍，弥补普通教师在数字技术应用方面的不足，确保决策能够充分借助数字技术手段，与教育目标和时代需求相契合。同时，他们将负责数字技术平台的技术管理和协调工作，制定数据共享和信息交流政策，确保使用的安全性。

参考文献

[1]周若辉.虚拟与现实：数字化时代人的生存方式[M].长沙：国防科技大学出版社，2008.

[2]刘生全.论教育场域[J].北京大学教育评论，2006（01）：78-91.

[3]王渊.基于科技伦理视角的大学生网络道德教育研究[M].武汉：中国地质大学出版社，2017.

[4]张元.大学生网络道德教育问题研究[M].长春：吉林人民出版社，2016.

[5]刘旭升，贾楠.高校网络道德教育研究[M].北京：新华出版社，2014.

[6]赵敏.新媒体环境下大学生道德教育创新研究[M].济南：山东人民出版社，2012.

[7]张娓军.当代大学生网络道德教育方式创新研究[D].长沙：长沙理工大学，2012.

[8]王丹.大学生网络道德教育方式创新研究[D].西安：西安工程大学，2015.

[9]刘继强.微时代大学生网络道德教育研究[D].成都：电子科技大学，2017.

[10]姜岩.高校网络道德教育问题的研究[D].长春：东北师范大学，2007.

[11]彭雅婷.新形势下大学生网络道德教育路径探析[J].卫生职业教育，2022，40（14）：75-77.

[12]王丹.当代大学生网络道德教育方式现状分析[J].延安职业技术学院学报，2015，29（02）：48-49+65.

[13]宋景华，张帅帅.规范伦理学视阈下高校网络道德教育研究[J].河南广播电视大学学报，2022，35（03）：70-75.

[14]刘娟，李玲，张玉."微"时代大学生网络道德多维度教育与引导策略[J].湖北开放职业学院学报，2022，35（13）：69-71.

[15]储德峰，张佳雯，徐松涛.互联网时代大学生网络道德教育的多维审视[J].安徽警官职业学院学报，2021，20（06）：124-128.

[16]张美容.新媒体时代大学生网络道德自律意识的培育路径研究[J].大连大学学报，

2020，41（06）：120-124.

[17]沈盼盼，滕金聪.大学生网络道德教育创新路径研究[J].教育教学论坛，2022（15）：185-188.

[18]黄建江.网络虚拟社会中的当代大学生道德判断与治理[J].佳木斯职业学院学报，2019（05）：51-52.

[19]王永会.大学生网络道德教育存在问题及应对策略[J].石家庄职业技术学院学报，2018，30（01）：58-60.

[20]王仓.高校网络道德教育实施的方法和途径探究[J].教育教学论坛，2017（01）：13-16.